한자능력검정시험 급수별 수험생을 위한

한자학습사전

초급한자 편

편저 이영례

동양서적

급수별 한자학습사전을 편찬하면서

한문자의 중요성

 우리나라는 2천여년 동안 한자의 문자생활을 해오고 있음은 주지의 사실입니다. 한글인 훈민정음이 창제된 것이 불과 5백여년으로 그 이전의 고대 국어 연구는 한자에 의존하지 않고서는 불가능한 일입니다.

 문자가 없던 우리나라는 한자(漢字)가 유입되자 바로 그 자음(字音)과 자석(字釋)을 우리말로 이용했습니다. 이것은 표음(表音)위주의 우리말을 표의(表意)문자인 한자로 다 적을 수 없는데서 시작된 우리 선조들의 지혜로운 착상(着想)이요 창안(創案)이며 위대한 업적(業績)이었습니다.

 오늘날에 와서 한자문화권의 우리나라와 중국(中國)과 일본(日本)은 문자는 같으되 각 나라마다 각기 다르게 읽습니다. "國語"를 '국어'라 읽는 나라는 오직 우리나라 한국뿐입니다. 따라서 한자는 우리나라 문자입니다. 우리의 국문자(國文字)는 "한글"과 "한자(韓字)"를 문자로 병용하고 있습니다. 때문에 하루속히 한문을 '韓文', 즉 '韓字'로 표기할 것을 어문 정책으로 확정시켜야 합니다. 오늘날에 와서 한자의 종주국인 중국은 모든 문자를 획기적으로 약자(略字)를 만들어 문자자체를 변형하고, 일본 또한 많은 글자를 변형시켜 자국어를 만들었습니다. 동양의 이웃 세 나라는 각기 독특한 별도의 자국 국문으로 발전시키고 있다는 사실을 인식해야 합니다.

 최근에 와서 한자 사용의 중요성을 인식하게 되었음은 실로 다행스런 일입니다. 이제 한자능력검정시험의 사회적 계기로 한글과 함께 우리나라 문자로 한자를 더욱 발전시켜 나가야 할 것입니다.

한자학습사전의 편찬 특징

1. 한자능력검정시험을 준비하는 수험 지망생에게 유용하도록 했습니다.
2. 급수별 수험생의 혼돈이 없도록 각 급수별로 명확히 구분하여 배우기 쉽고 외우기 쉽도록 했습니다.
3. 문자마다 가나다순으로 나열하여 철저히 익히기 위해 두 세개의 단어를 첨가해 설명했습니다.

편저인 이 영 례

한자능력검정시험의 응시요령

한국한자능력검정회
◆ 전국한자능력검정 시험요강 ◆

◎ **지원 자격**
전 급수 응시제한 없음(단, 1급은 2급 급수 취득자 지원을 권장함)

◎ **신청 방법**
- 인터넷 신청(www.hanja.re.kr)
  ※ 사전에 인터넷 접수 신규지원 등록 → 인터넷 접수 기간 중 지원 급수와 고사장 선택 → 신용카드 또는 계좌이체 방식으로 결제 → 수험표 출력
  ※ 2인 이상 접수시 단체접수 이용(검정료 결제는 계좌이체 방식)
- 접수처 방문 접수
  ※ 준비물 : 반명함판 사진 3매(3×4㎝), 한자성명, 주민등록번호, 전화번호, 우편번호, 정확한 급수증 수령 주소(잘못 기재시 급수증이 반송됨)
- 1급 우편 접수(1급 지원자만 가능)
  ※ 접수처 방문 접수 준비물, 검정료 우편환, 응시할 1급 고사장을 명기 반드시 등기우편으로 본회로 발송

◎ **급수별 검정료**

1급	35,000원	4급·4급Ⅱ·5급·6급	13,000원
2급·3급·3급Ⅱ	18,000원	6급Ⅱ·7급·8급	12,000원

◎ **시험 준비물**
신분증(중·고생은 학생증 지참, 초등학생·미취학아동은 건강보험증 또는 주민등록등본 지참), 수험표, 검정색 필기구(볼펜 또는 플러스펜 ※연필과 빨간색 펜은 절대 사용할 수 없음)

◆ 국가공인 한자능력급수취득자 우대사항 ◆

◎ 자격기본법 제27조에 의거 국가자격 취득자와 동등한 대우 및 혜택
◎ 훈령 제616호 학생생활기록부 전산처리 및 관리지침에 의거 학교생활기록부에 등재, 입시에 반영
◎ 대학입시 수시모집 및 특별전형에 반영(한국어문회 홈페이지 각 대학교 입시요강 참조)
◎ 육군간부 승진 고과 한자능력급수 반영(부사관 이상)
◎ 경제5단체 회원사 신입사원 응시요건(한국어문회 3급 상위 급수에는 가산점)
◎ 삼성계열사 등 40여개 기업체 한자능력급수 자격증 소지자 채용시 가산점 부여
◎ 한국전력공사 등 30여개 기업체 신입사원 채용시 한자시험 실시
◎ 2005학년도 대학수학능력시험부터 한문을 선택과목으로 채택

※ 본 시험응시요령은 시험관리기관에 의해 매회 각항의 변동이 있을 수 있음.

한자학습 용어해설

독음(讀音) : 한자의 음, 글을 읽는 소리.
훈음(訓音) : 글 뜻을 새긴 소리
반의어(反義語) : 상대되는 한자와 뜻이 반대되는 한자
동의어(同義語) : 뜻이 같은 글자
유사어(類似語) : 뜻이 비슷한 한자
성구완성형(成句完成型) : 글귀의 이름이 완성된 모양
동음이의어(同音異義語) : 같은 소리이나 뜻이 다른 말
부수(部首) : 글자를 찾는 길잡이가 되는 글자의 한 부분
두음법칙(頭音法則) : 앞에 나오는 글자의 다음 글자에 따라 음이 바뀌는 현상.
음운(音韻) : 음(音)은 어두자음(語頭子音), 운(韻)은 음의 나머지부분을 말함. 즉 말의 뜻을 구별해 주는 단위.
관용어(慣用語) : 습관적으로 익혀져 사용하는 말.
변(邊) : 글자의 왼쪽에 붙는 부수
방(傍) : 글자의 오른쪽 또는 아래쪽, 중앙에 있는 부수
장단음(長短音) : 길고 짧은 소리
약자(略字) : 글자의 획수를 줄여 간단하게 한 글자
속자(俗字) : 세간에서 두루 쓰이는 자획이 바르지 않은 글자
자획(字劃) : 글자의 획 또는 필획(筆劃)이라고도 함. 글자를 연필이나 붓으로 그은 줄(-)이나 점(·)의 총칭

목차(目次)

급수별 한자학습사전을 편찬하면서 ------------- 3
   한자능력검정시험의 응시요령 -------------- 5
   한자학습 용어해설 ----------------------- 6

[一] 배정(配定)한자와 부수(部首)

  1. 급수별 배정(配定)한자의 특성 -------------- 11
  2. 급수별 한자능력 검정시험의 유형 ----------- 12
  3. 한문자의 육서(六書) 구성유형(構成類型) -------- 14
  4. 부수(部首)의 명칭과 위치 ----------------- 15
  5. 「변(邊)」과 「방(傍)」 --------------------- 25
  6. 「머리」「발」「받침」등으로 불리는 부수(部首) ---- 26

[二] 초급(初級)한자

  1. 8급 한자 ------------------------------ 29
  2. 7급 한자 ------------------------------ 35
  3. 6급(6-Ⅱ급) 한자 ----------------------- 47

[三] 특성어(特性語) 한자

  1. 반의어(反意語) -------------------------- 65
  2. 동의어(同義語) -------------------------- 66
  3. 유사어(類似語) -------------------------- 67
  4. 음(音)이 두 가지 이상의 한자 -------------- 75
  5. 뜻이 혼돈되기 쉬운 한자 ------------------ 78
  6. 속자(俗字)와 약자(略字) ------------------- 82

[一] 배정(配定)한자와 부수(部首)

1. 급수별 배정(配定)한자의 특성
2. 급수별 한자능력검정시험의 유형
3. 한문자의 육서(六書) 구성유형(構成類型)
4. 부수(部首)의 명칭과 위치
5. 「변(邊)」과 「방(傍)」
6. 「머리」「발」「받침」등으로 불리는 부수(部首)

1. 급수별 배정(配定)한자의 특성

구분	급수	특성	학습 기준
교육급수	8급	읽기 50자, 쓰기 없음 유치원생이나 초등학생의 학습동기 부여를 위한 급수	초등학교 1학년
교육급수	7급	읽기 150자, 쓰기 없음 한자 공부를 처음 시작하는 분을 위한 초급단계	초등학교 2학년
교육급수	6급 II	읽기 300자, 쓰기 50자 한자 쓰기를 시작하는 첫 급수	초등학교 3학년
교육급수	6급	읽기 300자, 쓰기 150자 기초 한자 쓰기를 시작하는 급수	초등학교 3학년
교육급수	5급	읽기 500자, 쓰기 300자 학습용 한자 쓰기를 시작하는 급수	초등학교 4학년
교육급수	4급 II	읽기 750자, 쓰기 400자 5급과 4급의 격차를 해소하기 위한 급수	초등학교 5학년
공인급수	4급	읽기 1,000자, 쓰기 500자 초급에서 중급으로 올라가는 급수	초등학교 6학년
공인급수	3급 II	읽기 1,400자 쓰기 750자 4급과 3급의 격차를 해소하기 위한 급수	중학생
공인급수	3급	읽기 1,817자 쓰기 1,000자 신문 또는 일반 교양어를 읽을 수 있는 수준	고등학생
공인급수	2급	읽기 2,355자 쓰기 1,817자 상용한자 외에 인명·지명용 한자를 활용할 수 있는 수준	대학생·일반인
공인급수	1급	읽기 3,500자 쓰기 2,005자 국한 혼용문을 불편없이 읽고 한문 원전을 공부할 수 있는 수준	전문가·일반인

2. 급수별 한자능력검정시험 유형

급수	읽기	쓰기	시험 문항	수준
8급	50자	없음	독음 25 / 훈음쓰기 25 총 50문제 / 50분 / 합격문항수 : 35문항 이상	초등학교 1학년
7급	150자	없음	독음 32 / 훈음쓰기 30 / 반의어 3 성구 완성형 3 / 뜻풀이 2 총 70문제 / 50분 / 합격문항수 : 49문항 이상	초등학교 2학년
6급Ⅱ	300자	50자	독음 32 / 훈음쓰기 30 / 한자쓰기 10 반의어 3 / 성구 완성형 3 / 뜻풀이 2 총 80문제 / 50분 / 합격문항수 : 56문항 이상	초등학교 3학년
6급	300자	150자	독음 33 / 훈음쓰기 23 / 한자쓰기 20 반의어 4 / 성구 완성형 4 / 뜻풀이 2 유의어 2 / 동음이의어 2 총 90문제 / 50분 / 합격문항수 : 63문항 이상	초등학교 3학년
5급	500자	300자	독음 35 / 훈음쓰기 24 / 한자쓰기 20 반의어 4 / 성구 완성형 5 / 뜻풀이 3 유의어 3 / 동음이의어 3 / 약자 3 총 100문제 / 50분 / 합격문항수 : 70문항 이상	초등학교 4학년
4급Ⅱ	750자	400자	독음 35 / 훈음쓰기 22 / 한자쓰기 20 반의어 3 / 성구 완성형 53 / 뜻풀이 32 유의어 32 / 동음이의어 3 / 약자 3 / 부수 3 총 100문제 / 50분 / 합격문항수 : 70문항 이상	초등학교 5학년

급수	읽기	쓰기	시험 문항	수준
4급	1000자	500자	독음 30 / 훈음쓰기 22 / 한자쓰기 20 / 반의어 3 성구 완성형 5 / 뜻풀이 3 / 유의어 3 동음이의어 3 / 약자 3 / 부수 3 / 장단음 5 총 100문제 / 50분 / 합격문항수 : 70문항 이상	초등학교 6학년
3급 II	1400자	750자	독음 45 / 훈음쓰기 27 / 한자쓰기 30 / 반의어 10 성구 완성형 10 / 뜻풀이 5 / 유의어 5 동음이의어 5 / 약자 3 / 부수 5 / 장단음 5 총 150문제 / 60분 / 합격문항수 : 105문항 이상	중학생
3급	1817자	1000자	독음 45 / 훈음쓰기 27 / 한자쓰기 30 / 반의어 10 성구 완성형 10 / 뜻풀이 5 / 유의어 5 동음이의어 5 / 약자 3 / 부수 5 / 장단음 5 총 150문제 / 60분 / 합격문항수 : 105문항 이상	고등학생
2급	2350자	1817자	독음 45 / 훈음쓰기 27 / 한자쓰기 30 / 반의어 10 성구 완성형 10 / 뜻풀이 5 / 유의어 5 동음이의어 5 / 약자 3 / 부수 5 / 장단음 5 총 150문제 / 60분 / 합격문항수 : 105문항 이상	대학 졸업 일반 수준
1급	3500자	2005자	독음 50 / 훈음쓰기 32 / 한자쓰기 40 / 반의어 10 성구 완성형 15 / 뜻풀이 10 / 유의어 10 동음이의어 10 / 약자 3 / 부수 10 / 장단음 10 총 200문제 / 90분 / 합격문항수 : 160문항 이상	전문가 교양인

3. 한문자의 육서(六書) 구성유형(構成類型)

1. 상형문자(象形文字) : 대부분의 부수자(部首字)는 상형문자이다.
   물체의 모양을 본떠서 만든 한자 구성의 가장 기본이 되는 글자이다.

   예: 日 날 일   月 달 월   山 뫼 산   川 내 천
       人 사람 인   目 눈 목   首 머리 수   子 아들 자
       雨 비 우   羊 양 양   馬 말 마   魚 물고기 어

2. 지사문자(指事文字)
   사물의 모양으로 나타낼 수 없는 글자를 점, 선 또는 부호로써 나타낸 글자이다.

   예: 八 여덟 팔   久 오랠 구   工 장인 공   寸 마디 촌
       上 위 상   中 가운데 중   下 아래 하   尺 자 척
       本 근본 본   末 끝 말   以 써 이   丹 붉을 단

3. 회의문자(會意文字)
   두 개 이상의 글자가 결합하여 새로운 글자가 되는 글자이다.

   예: 兄 맏 형   男 남자 남   明 밝을 명   林 수풀 림
       休 쉴 휴   位 자리 위   信 믿을 신   朋 벗 붕
       念 생각 념   軍 군사 군   好 좋을 호   孝 효도 효

4. 형성문자(形聲文字)
   뜻과 음(音)을 나타내는 부분으로 결합하여 만들어진 글자이다.

   예: 功 공 공   空 빌 공   記 기록할 기   期 기약할 기
       忠 충성 충   村 마을 촌   談 말씀 담   論 논할 논
       頭 머리 두   情 뜻 정   逢 만날 봉   景 볕 경

5. 전주문자(轉注文字)
   본래 의미로부터 전혀 다른 음(音)·뜻으로 굴리고[轉] 끌어 내어[注] 쓰는 글자이다.

   예: 본래음과 뜻   전주된 뜻과 음

       樂 : 풍류 악   →   즐길 락/ 좋아할 요

       更 : 고칠 경   →   다시 갱

       說 : 말씀 설   →   달랠 세/ 기쁠 열

       降 : 내릴 강   →   항복할 항

6. 가차문자(假借文字)
   원래의 뜻과 상관없이 음(音)만 빌어서 음역(音譯)하여 쓰이는 문자이다.

   예 亞細亞(아세아) : Asia   佛蘭西(불란서) : France
       西班牙(서반아) : Spain   伊太利(이태리) : Italia
       印度(인도) : India   印泥(인니) : Indonesia

4. 부수(部首)의 명칭과 위치

변(邊) ↔ 글자의 왼쪽에 있는 부수

亻、人	사람인변, 사람 인	仁, 代, 他, 信, 佛
彳	두인변, 조금걸을 척	彼, 律, 後, 從, 德
冫、氷	이수변, 얼음 빙	冬, 凍, 冷, 凉, 冱
氵、水	삼수변, 물 수	江, 河, 海, 洋, 淸
忄、心	심방변, 마음 심	性, 恨, 悟, 惜, 情
木	나무목변, 나무 목	材, 村, 林, 松, 校
禾	벼화변, 벼 화	私, 科, 秋, 移, 稅
阝、阜	좌부변, 언덕 부	防, 除, 陸, 陰, 陽
礻、示	보일시변, 보일 시	神, 祖, 祝, 福, 禮
衤、衣	옷의변, 옷 의	被, 衫, 裕, 裂, 袋
犭、犬	개사슴록변, 개 견	犯, 狐, 猶, 獨, 獄
言	말씀언변, 말씀 언	計, 記, 訓, 訪, 說
糸	실사변, 실 사	約, 紅, 終, 絲, 絶

방(傍) ↔ 글자의 오른쪽 및 하부 중앙에 있는 부수

刂、刀	선칼도방, 칼 도	分, 利, 別, 到, 前
阝、邑	우부방, 고을 읍	邱, 郡, 部, 都, 郭

머리 ↔ 글자의 위에 있는 부수

亠	돼지해머리, 머리부분 두	亡, 交, 亨, 京, 亮
冖	민갓머리, 덮을 멱	冠, 冗, 冥, 冡, 冪
宀	갓머리, 집 면	守, 安, 完, 官, 富
艹、艸	초두머리, 풀 초	花, 苦, 英, 草, 萬
雨	비 우	雪, 雲, 電, 霜, 露

발 ↔ 글자의 밑에 있는 부수

皿	그릇 명	盂, 盆, 盛, 盡, 監
儿	어진사람 인	元, 兄, 光, 先, 充
灬, 火	연화, 불 화	烏, 無, 然, 烈, 熙

엄 ↔ 글자의 왼쪽을 덮고 있는 부수

广	호, 돌집 엄	店, 度, 庭, 庸, 廣
尸	주검 시	尺, 尾, 居, 屋, 展
虍	범 호	虎, 虐, 處, 虛, 號

받침 ↔ 글자의 왼쪽과 밑을 싸고 있는 부수

辶, 辵	책받침, 쉬엄쉬엄갈 착	迅, 近, 迎, 道, 遠
廴	민책받침, 길게걸을 인	建, 廷, 廻, 延, 廸

몸 ↔ 글자를 에워싸고 있는 부수

口	입 구	古, 右, 合, 君, 吸
囗	나라 국, 큰입 구	四, 回, 國, 固, 圓
門	문 문	閉, 閑, 間, 開, 閔

제부수 ↔ 한 글자가 그대로 부수

鳥	새 조	鳩, 鳴, 鳳, 鴻, 鶴
金	쇠 금	針, 鈞, 鉉, 銃, 鋒
馬	말 마	駒, 馱, 駿, 騎, 驛

부수자(部首字) 획수(劃數)
부수자의 위치 1. 변(邊) 예 : 亻, 彳, 扌
2. 방(傍) 예 : 攵, 欠, 頁
3. 머리 예 : 宀, 艹, 竹
4. 발 예 : 皿, 儿, 灬
5. 엄 예 : 广, 尸, 虍
6. 받침 예 : 廴, 辶
7. 몸(에운담) 예 : 囗, 門
8. 제부수 예 : 鳥, 金, 馬

획수	한자	음	부수 명칭
1획	一	일	하나, 한 일
	ㅣ	곤	뚫을 곤
	ヽ	주	점 주
	ノ	별	삐침 별
	乙	을	새 을
	亅	궐	갈고리 궐
2획	二	이	두 이
	亠	두	돼지해머리, 머리부분 두
	人	인	사람 인
	亻	인	사람인 변
	儿	인	어진사람인 발
	入	입	들 입
	八	팔	여덟 팔
	冂	경	멀(遠) 경
	冖	멱	민갓머리, 덮을 멱

획수	한자	음	부수 명칭
2획	冫	빙	이수변, 얼음 빙
	几	궤	안석 궤
	凵	감	입 벌릴 감
	刀	도	칼 도
	刂	도	선칼도방
	力	력	힘 력
	勹	포	쌀(包)도변, 포몸
	匕	비	비수 비
	匚	방	튼입구몸, 상자 방
	匸	혜	감출혜몸
	十	십	열 십
	卜	복	점 복
	卩,㔾	절	병부절방
	厂	엄	민엄호, 굴바위 엄
	厶	사	마늘모, 사사로울 사

획수	한자	음	부수 명칭
2획	又	우	또 우
3획	口	구	입 구
	囗	위	큰입구몸, 에울 위
	土	토	흙 토
	士	사	선비 사
	夂	치	뒤져올 치
	夊	쇠	천천히걸을쇠발
	夕	석	저녁 석
	大	대	큰 대
	女	녀	계집 녀
	子	자	아들 자
	宀	면	갓머리, 집 면
	寸	촌	마디 촌
	小	소	작을 소
	尢,兀	왕	절름발이 왕

획수	한자	음	부수 명칭
3획	尸	시	주검시엄
	屮	철	왼손 좌 풀 철
	山	산	뫼 산
	巛,川	천	개미허리, 내 천
	工	공	장인 공
	己	기	몸 기
	巾	건	수건 건
	干	간	방패/범할 간
	幺	요	작을 요
	广	엄	엄호엄 바위집 엄,
	廴	인	민책받침, 길게걸을 인
	廾	공	스물입발, 두 손으로 받들 공
	弋	익	주살/화살 익
	弓	궁	활 궁
	彐,彑	계	튼가로왈, 돼지머리 계

획수	한자	음	부수 명칭
3획	彡	삼	터럭 삼
	彳	척	두인변, 조금 걸을 척
	扌,手	수	재방변, 손 수
	氵,水	수	삼수변, 물 수
	犭,犬	견	개사슴록변, 개 견
	阝,阜	부	좌부변, 언덕 부
	阝,邑	읍	우부방, 고을 읍
	忄	심	심방변, 마음 심
4획	心,忄	심	마음 심, 밑마음 심
	戈	과	창 과
	戶	호	지게 호
	手	수	손 수
	支	지	지탱할 지
	攴	복	칠 복
	攵	복	등글월문, 칠 복

획수	한자	음	부수 명칭
4획	文	문	글월 문
	斗	두	말 두
	斤	근	날 근
	方	방	모 방
	无	무	이미기방, 없을 무
	日	일	날 일
	曰	왈	가로 왈
	月,肉	월	달 월
	木	목	나무 목
	欠	흠	하품 흠
	止	지	그칠 지
	歹,歺	알	죽을사변, 앙상한뼈 알
	殳	수	갖은등글월문, 칠 수
	毋	무	말(禁) 무
	比	비	견줄 비

획수	한자	음	부수 명칭
4획	毛	모	털 모
	氏	씨	성씨 씨
	气	기	기운기엄
	水,氵	수	물 수
	火	화	불 화
	灬,火	화	연화발, 불 화
	爪,爫	조	손톱 조
	父	부	아비 부
	爻	효	사귈/본받을 효
	爿	장	장수장변
	片	편	조각 편
	牙	아	어금니 아
	牛	우	소 우
	犬,犭	견	개 견, 개사슴록변
	耂	로(노)	늙을로엄

획수	한자	음	부수 명칭
4획	玉, 王	옥	구슬 옥, 구슬옥변
	辶, 辵	착	책받침, 쉬엄쉬엄갈 착
5획	玄	현	검을 현
	瓜	과	오이 과
	瓦	와	기와 와
	甘	감	달 감
	生	생	날 생
	用	용	쓸 용
	田	전	밭 전
	疋	필, 소	필 필, 발(足) 소
	疒	녁	병질엄, 병들어 기댈 녁
	癶	발	필발머리, 등질 발
	白	백	흰 백
	皮	피	가죽 피
	皿	명	그릇명밑

획수	한자	음	부수 명칭
5획	目, 罒	목	눈 목
	矛	모	창 모
	矢	시	화살 시
	石	석	돌 석
	示, 礻	시	보일 시
	禸	유	짐승 발자국 유
	禾	화	벼 화
	穴	혈	구멍 혈
	立	립	설 립
	衤, 衣	의	옷의변
6획	衣	의	옷 의
	竹	죽	대 죽
	米	미	쌀 미
	糸	사	실 사
	缶	부	장군(桶) 부

획수	한자	음	부수 명칭
6획	网, 罒, 冈	망	그물 망
	羊, ⺶	양	양 양
	羽	우	깃 우
	老, 耂	로	늙을 로
	而	이	말 이을 이
	耒	뢰	쟁기 뢰
	耳	이	귀 이
	聿	율	오직/붓 율
	月, 肉	육	육달월, 고기 육
	臣	신	신하 신
	自	자	스스로 자
	至	지	이를 지
	臼	구	절구 구
	舌	설	혀 설
	舛	천	어그러질 천
	舟	주	배 주

획수	한자	음	부수 명칭
6획	艮	간	그칠 간
	色	색	빛 색
	艸, ⺿	초	초두변, 풀 초
	虍	호	범 호
	虫	충, 훼	벌레 충, 벌레 훼
	血	혈	피 혈
	行	행	다닐 행
	襾, 西	아	덮을 아
7획	見	견	볼 견
	角	각	뿔 각
	言	언	말씀 언
	谷	곡	골 곡
	豆	두	콩 두
	豕	시	돼지 시
	豸	치	발 없는 벌레 치

획수	한자	음	부수 명칭
7획	貝	패	조개 패
	赤	적	붉을 적
	走	주	달아날 주
	足	족	발 족
	身	신	몸 신
	車	거,차	수레 거(차)
	辛	신	매울 신
	辰	신,진	별 신, 다섯째 지지 진
	辵	착	쉬엄쉬엄 갈 착
	里	리	마을 리
	酉	유	닭 유
	釆	변	분별할 변
	邑,阝	읍	고을 읍, 우부방
8획	阜,阝	부	언덕 부, 좌부변
	長,镸	장	긴/어른 장
	門	문	문 문

획수	한자	음	부수 명칭
8획	金	금	쇠 금
	隶	이	미칠 이
	隹	추	새 추
	雨	우	비 우
	靑	청	푸를 청
	非	비	아닐 비
9획	面	면	얼굴 면
	革	혁	가죽 혁
	韋	위	다룬가죽 위
	韭,韮	구	부추(草) 구
	音	음	소리 음
	頁	혈	머리 혈
	首	수	머리 수
	風	풍	바람 풍
	飛	비	날 비

획수	한자	음	부수 명칭
9획	食	식	밥 식
	香	향	향기 향
10획	馬	마	말 마
	骨	골	뼈 골
	高	고	높을 고
	髟	표	긴 털 드리울 표
	鬥	투	싸울 투
	鬯	창	울창주 창
	鬲	력	다리 굽은 솥 력
	鬼	귀	귀신 귀
11획	魚	어	물고기 어
	鳥	조	새 조
	鹿	록	사슴 록
	鹵	로	소금밭 로
	麥	맥	보리 맥

획수	한자	음	부수 명칭
11획	麻	마	삼 마
12획	黃	황	누를 황
	黍	서	기장 서
	黑	흑	검을 흑
	黹	치	바느질할 치
13획	黽	맹	맹꽁이 맹
	鼎	정	솥 정
	鼓	고	북 고
	鼠	서	쥐 서
14획	鼻	비	코 비
	齊	제	가지런할 제
15획	齒	치	이 치
16획	龍	룡	용 룡
	龜	구, 귀, 균	나라이름 구, 거북 귀, 터질 균
17획	龠	약	피리(笛) 약

5. 「변(邊)」과 「방(傍)」

邊	亻	사람인 변 또는 인 변. 「人」의 변형이다.
	彳	중인 변 또는 두인 변. 사람인 변에 윗 획이 하나 더 있다.
	氵	삼수 변. 「水」자의 변형이다.
	冫	이수변. 삼수 변보다 한 획이 적다.
	忄	심방 변 또는 마음심 변. 「心」자의 변형이다.
	禾	벼화 변. 곡식과 관계된 글자의 변이다.
	阝	좌부방 변. 「阝」는 「阜(언덕 부)」자의 변형이다.
	示	보일시 변. 약자(略字)로 「礻」라고 쓰기도 한다.
	衤	옷의 변. 「衣」자의 변형이다.
	扌	재방 변, 또는 손수 변. 「手」자의 변형이다.
	犭	개사슴록 변. 「犬」자의 변형이다.
	言	말씀언 변. 말과 관계된 글자의 변이다.
傍	刀	칼도 방. 「刀」자는 칼로 베는 동작을 나타내며 방으로 쓰일 때는 「刂」. 「刂」는 다른 글자와 어울려 쓰인다. 「刀」와 구별하여 「선칼 도」라고 한다.
	阝	우부 방. 부수표(部首表)에는 「邑」부에 속해 있다. 「阜」자의 변형이다.

6.「머리」「발」「받침」등으로 불리는 부수(部首)

머리	亠	돼지해머리. 「亥(돼지 해)」자의 윗 부분이다.
	冖	민갓머리. 「宀(갓머리)」의 윗 점이 없다.
	宀	갓머리. 「冠(갓 관)」자의 윗 부분이다.
	艹	초두머리. 「草(풀 초)」자의 윗 부분이다. 부수표에는「艸」로 되어 있다.「草」의 옛 글자이다.
	雨	비우머리. 「雪(눈 설)」자의 윗 부분이다.
발	心	마음 심. 「心」이 아래에 붙고 변형하면「忄」이 된다.
엄	厂	민엄호. 「广」(엄호)의 윗 점이 없다.
	广	엄호. 「麻(삼 마)」「序(차례 서)」등의 일부분이다.
	疒	병질엄. 「病(병 병)」자의 일부분이다.
받침	辶	책받침. 「辵」이 부수로 쓰일 때의 자체(字體)이다. 「辶」으로 쓰이는데 이는「辶」의 변형이다.
	廴	민책받침. 「延(끌 연)」,「建(세울 건)」등의 일부분이다.
몸	囗	큰입구. 「回(돌아올 회)」,「國(나라 국)」등의 둘러싼 부분이다.
	門	문문. 「開(열 개)」,「間(사이 간)」등의 둘러싼 부분이다.

[二] 초급(初級) 한자

8급 · 7급 · 6-Ⅱ급 · 6급

8급

50자

8급

校 학교 교 木변 6획 (뜻) 학교	교장(校長) : **교**/길 장 폐교(廢校) : 폐할 **폐**/**교** 등교(登校) : 오를 **등**/**교**	金 쇠 금/김 金변 0획 (뜻) 쇠, 성	금은(金銀) : **금**/은 은 금품(金品) : **금**/물건 품 금속(金屬) : **금**/무리 속
敎 가르칠 교 攴변 7획 (뜻) 가르치다	교황(敎皇) : **교**/임금 황 교수(敎授) : **교**/줄 수 교양(敎養) : **교**/기를 양	南 남녘 남 十변 7획 (뜻) 남쪽	월남(越南) : 월나라 **월**/**남** 남향(南向) : **남**/향할 향 남극(南極) : **남**/끝 극
九 아홉 구 乙변 1획 (뜻) 아홉, 9	구일(九日) : **구**/날 일 구운몽(九雲夢) : **구**/구름 운/꿈 몽 구천(九泉) : **구**/샘 천	 계집 녀 女변 0획 (뜻) 여자	추녀(醜女) : 추할 **추**/**녀** 여자(女子) : **여**/아들 자 여류(女流) : **여**/갈래 류
國 나라 국 囗변 4획 (뜻) 나라	순국(殉國) : 구할 순/**국** 국가(國家) : **국**/집 가 국권(國權) : **국**/권세 권	年 해 년 干변 3획 (뜻) 세월	향년(享年) : 누릴 **향**/**년** 연배(年輩) : **연**/무리 배 성년(成年) : 이룰 **성**/**년**
 군사 군 車변 2획 (뜻) 군사	반군(叛軍) : 배반할 반/**군** 군기(軍旗) : **군**/깃발 기 군인(軍人) : **군**/사람 인	大 큰 대 大변 0획 (뜻) 크다	대뇌(大腦) : **대**/머리 뇌 관대(寬大) : 너그러울 관/**대** 대국(大國) : **대**/나라 국

8급

東 동녘 동 木변 4획 (뜻) 동쪽	동서(東西) : **동**/서녘 **서** 동양(東洋) : **동**/바다 **양** 동창(東窓) : **동**/창문 **창**	門 문 문 門변 0획 (뜻) 문	문전(門前) : **문**/앞 **전** 문간(門間) : **문**/사이 **간** 대문(大門) : 큰 **대**/**문**
六 여섯 **륙** 八변 2획 (뜻) 여섯	육서(六書) : **육**/글 **서** 육십(六十) : **육**/열 **십** 육합(六合) : **육**/합할 **합**	民 백성 **민** 氏변 1획 (뜻) 백성	민속(民俗) : **민**/풍속 **속** 민족(民族) : **민**/겨레 **족** 민생(民生) : **민**/날 **생**
萬 일만 **만** 艹변 9획 (뜻) 일만/모든	만감(萬感) : **만**/느낄 **감** 만물(萬物) : **만**/만물 **물** 만사(萬事) : **만**/일 **사**	白 흰 **백** 白변 0획 (뜻) 희나	백군(白軍) : **백**/군사 **군** 백지(白紙) : **백**/종이 **지** 백일장(白日場) : **백**/날 **일**/마당 **장**
母 어미 **모** 母변 1획 (뜻) 어머니	모국(母國) : **모**/나라 **국** 모음(母音) : **모**/소리 **음** 모교(母校) : **모**/학교 **교**	父 아비 **부** 父변 0획 (뜻) 아버지	부친(父親) : **부**/어버이 **친** 부조(父祖) : **부**/조상 **조** 부형(父兄) : **부**/맏 **형**
木 나무 **목** 木변 0획 (뜻) 나무	목수(木手) : **목**/손 **수** 목공(木工) : **목**/장인 **공** 목재(木材) : **목**/재목 **재**	北 북녘 **북**/배 匕변 3획 (뜻) 북쪽/달아나다	북향(北向) : **북**/향할 **향** 북상(北上) : **북**/윗 **상** 패배(敗北) : 패할 **패**/달아날 **배**

8급

四 넉 사 口변 2획 (뜻) 숫자 4	사방(四方) : **사**/방향 **방** 사시(四時) : **사**/때 **시** 사월(四月) : **사**/달 **월**	先 먼저 선 人변 4획 (뜻) 먼저	선조(先祖) : **선**/조상 **조** 선후(先後) : **선**/뒤 **후** 선금(先金) : **선**/쇠 **금**
山 메(뫼) 산 山변 0획 (뜻) 산	산림(山林) : **산**/수풀 **림** 산지(山地) : **산**/땅 **지** 산수(山水) : **산**/물 **수**	小 작을 소 小변 0획 (뜻) 작다	소학(小學) : **소**/배울 **학** 소아(小兒) : **소**/아이 **아** 소포(小包) : **소**/쌀 **포**
三 석 삼 一획 2획 (뜻) 숫자 3	삼각(三角) : **삼**/뿔 **각** 삼등(三等) : **삼**/무리 **등** 삼국(三國) : **삼**/나라 **국**	水 물 수 水변 0획 (뜻) 물	수은(水銀) : **수**/은 **은** 수평(水平) : **수**/평평할 **평** 수면(水面) : **수**/얼굴 **면**
生 날 생 生변 0획 (뜻) 낳다	생활(生活) : **생**/살 **활** 생일(生日) : **생**/날 **일** 생가(生家) : **생**/집 **가**	室 집 실 宀변 6획 (뜻) 집	실내(室內) : **실**/안 **내** 거실(居室) : 살 **거**/**실** 입실(入室) : 들 **입**/**실**
西 서녘 서 襾변 0획 (뜻) 서쪽	서방(西方) : **서**/방향 **방** 서양(西洋) : **서**/큰바다 **양** 서산(西山) : **서**/뫼 **산**	十 열 십 十변 0획 (뜻) 숫자 10	십자(十字) : **십**/글자 **자** 십리(十里) : **십**/마을 **리** 십오야(十五夜) : **십**/다섯 **오**/밤 **야**

8급

五 다섯 오 二변 2획 (뜻) 숫자 5	오감(五感) : **오**/느낄 **감** 오륜(五倫) : **오**/인륜 **륜** 오곡(五穀) : **오**/곡식 **곡**	人 사람 인 人변 0획 (뜻) 사람	인체(人體) : **인**/몸 **체** 인생(人生) : **인**/날 **생** 인물(人物) : **인**/만물 **물**
王 임금 왕 王변 0획 (뜻) 임금	왕명(王命) : **왕**/명할 **명** 왕자(王子) : **왕**/아들 **자** 왕도(王道) : **왕**/길 **도**	一 한 일 一변 0획 (뜻) 숫자 1	일생(一生) : **일**/날 **생** 일동(一同) : **일**/같을 **동** 일명(一名) : **일**/이름 **명**
外 바깥 외 夕변 2획 (뜻) 바깥	외교(外交) : **외**/사귈 **교** 외부(外部) : **외**/거느릴 **부** 외가(外家) : **외**/집 **가**	日 날 일 日변 0획 (뜻) 날, 해	일시(日時) : **일**/때 **시** 일출(日出) : **일**/나갈 **출** 일기(日記) : **일**/기록할 **기**
月 달 월 月변 0획 (뜻) 달	월급(月給) : **월**/줄 **급** 월광(月光) : **월**/빛 **광** 월말(月末) : **월**/끝 **말**	長 어른 장 長변 0획 (뜻) 길다	장남(長男) : **장**/사내 **남** 사장(社長) : 모임 **사**/**장** 장단(長短) : **장**/짧을 **단**
二 두 이 二변 0획 (뜻) 숫자 2	이등(二等) : **이**/무리 **등** 이중(二重) : **이**/거듭할 **중** 이차(二次) : **이**/다음 **차**	弟 아우 제 弓변 4획 (뜻) 아우	자제(子弟) : 아들 **자**/**제** 사제(師弟) : 스승 **사**/**제** 형제(兄弟) : 맏 **형**/**제**

8급

한자	예시	한자	예시
中 가운데 중 丨변 3획 (뜻) 가운데	중립(中立) : **중**/설 **립** 중학(中學) : **중**/배울 **학** 중심(中心) : **중**/마음 **심**	**八** 여덟 팔 八변 0획 (뜻) 숫자 8	팔각(八角) : **팔**/뿔 **각** 팔도(八道) : **팔**/길 **도** 팔방(八方) : **팔**/방향 **방**
靑 푸를 청 靑변 0획 (뜻) 푸르다	청과(靑果) : **청**/과실 **과** 청색(靑色) : **청**/빛 **색** 청소년(靑少年) : **청**/젊을 **소**/해 **년**	**學** 배울 학 子변 13획 (뜻) 배우다	학과(學科) : **학**/과목 **과** 학교(學校) : **학**/집 **교** 학력(學力) : **학**/힘 **력**
寸 마디 촌 寸변 0획 (뜻) 마디	촌수(寸數) : **촌**/셀 **수** 촌극(寸劇) : **촌**/연극 **극** 촌지(寸志) : **촌**/뜻 **지**	**韓** 나라 한 韋변 8획 (뜻) 한국/나라	한복(韓服) : **한**/옷 **복** 한방(韓方) : **한**/방향 **방** 한의(韓醫) : **한**/의원 **의**
七 일곱 칠 一변 1획 (뜻) 숫자 7	칠보(七寶) : **칠**/보배 **보** 칠순(七旬) : **칠**/열흘 **순** 칠성(七星) : **칠**/별 **성**	**兄** 형 형 人변 3획 (뜻) 형	매형(妹兄) : 아래누이 **매**/**형** 부형(父兄) : 아비 **부**/**형** 형부(兄夫) : **형**/남편 **부**
土 흙 토 土변 0획 (뜻) 흙	토지(土地) : **토**/땅 **지** 토종(土種) : **토**/심을 **종** 국토(國土) : 나라 **국**/**토**	**火** 불 화 火변 0획 (뜻) 불	화급(火急) : **화**/급할 **급** 화력(火力) : **화**/힘 **력** 화재(火災) : **화**/재앙 **재**

7급

100자 (8급 포함 150자)

7급

歌 노래 가 欠변 10획 (뜻) 노래	가곡(歌曲) : **가**/가락 **곡** 가악(歌樂) : **가**/풍류 **악** 교가(校歌) : 학교 **교**/**가**	工 장인 공 工변 0획 (뜻) 장인	공부(工夫) : **공**/사내 **부** 공업(工業) : **공**/업 **업** 공장(工場) : **공**/마당 **장**
家 집 가 宀변 7획 (뜻) 집	가문(家門) : **가**/문 **문** 가정(家庭) : **가**/뜰 **정** 가장(家長) : **가**/어른 **장**	空 빌 공 穴변 3획 (뜻) 비어있다	공간(空間) : **공**/사이 **간** 공기(空氣) : **공**/기운 **기** 공중(空中) : **공**/가운데 **중**
間 사이 간 門변 4획 (뜻) 사이	간격(間隔) : **간**/뜰 **격** 간식(間食) : **간**/먹을 **식** 간지(間紙) : **간**/종이 **지**	口 입 구 口변 0획 (뜻) 입	구문(口文) : **구**/글월 **문** 구두(口頭) : **구**/머리 **두** 구전(口傳) : **구**/전할 **전**
江 강 강 水변 3획 (뜻) 강	강산(江山) : **강**/뫼 **산** 강상(江上) : **강**/윗 **상** 강촌(江村) : **강**/마을 **촌**	氣 기운 기 气변 6획 (뜻) 기운	기도(氣道) : **기**/길 **도** 기색(氣色) : **기**/빛 **색** 공기(空氣) : 빌 **공**/**기**
車 수레 거/차 車변 0획 (뜻) 수레	자전거(自轉車) : 스스로 **자**/움직일 **전**/**거** 차주(車主) : **차**/주인 **주** 기차(汽車) : 물끓는김 **기**/**차**	記 기록할 기 言변 3획 (뜻) 기록하다	기록(記錄) : **기**/기록할 **록** 기사(記事) : **기**/일 **사** 기명(記名) : **기**/이름 **명**

7급

旗 기 **기** 方변 10획 (뜻) 깃발	기수(旗手): **기**/손 **수** 국기(國旗): 나라 **국**/**기** 군기(軍旗): 군사 **군**/**기**	道 길 **도** 辶변 9획 (뜻) 길/말하다	도로(道路): **도**/길 **로** 도리(道理): **도**/이치 **리** 도민(道民): **도**/백성 **민**
男 사내 **남** 田변 2획 (뜻) 남자	남녀(男女): **남**/여자 **녀** 남편(男便): **남**/쪽 **편** 남매(男妹): **남**/누이 **매**	冬 겨울 **동** 冫변 3획 (뜻) 겨울	동계(冬季): **동**/계절 **계** 동복(冬服): **동**/옷 **복** 동지(冬至): **동**/이를 **지**
內 안 **내** 入변 2획 (뜻) 안	내관(內官): **내**/벼슬 **관** 내과(內科): **내**/과목 **과** 내면(內面): **내**/얼굴 **면**	同 한가지 **동** 口변 3획 (뜻) 한가지	동감(同感): **동**/느낄 **감** 동의(同議): **동**/의논할 **의** 동포(同胞): **동**/세포 **포**
農 농사 **농** 辰변 6획 (뜻) 농사	농업(農業): **농**/업 **업** 농악(農樂): **농**/풍류 **악** 농사(農事): **농**/일 **사**	洞 고을 **동/통** 氵변 6획 (뜻) 골/꿰뚫다	동구(洞口): **동**/입 **구** 동장(洞長): **동**/어른 **장** 통찰(洞察): **통**/살필 **찰**
答 대답 **답** 竹변 6획 (뜻) 대답하다	답례(答禮): **답**/예도 **례** 답장(答狀): **답**/편지 **장** 정답(正答): 바를 **정**/**답**	動 움직일 **동** 力변 9획 (뜻) 움직이다	동력(動力): **동**/힘 **력** 동작(動作): **동**/지을 **작** 생동(生動): 날 **생**/**동**

7급

登 오를 등 癶변 7획 (뜻) 오르다	등기(登記) : **등**/기록할 **기** 등산(登山) : **등**/산 **산** 등장(登場) : **등**/마당 **장**	林 수풀 림 木변 4획 (뜻) 수풀	임업(林業) : **임**/업 **업** 산림(山林) : 뫼 **산**/**림** 국유림(國有林) : 나라 **국**/있을 **유**/**림**
來 올 래 人변 6획 (뜻) 오다	내일(來日) : **내**/날 **일** 내한(來韓) : **내**/나라 **한** 내세(來世) : **내**/세상 **세**	立 설 립 立변 0획 (뜻) 서다	입법(立法) : **입**/법 **법** 입체(立體) : **입**/몸 **체** 입지(立地) : **입**/땅 **지**
力 힘 력 力변 0획 (뜻) 힘	역도(力道) : **역**/수단 **도** 역학(力學) : **역**/배울 **학** 노력(努力) : 힘쓸 **노**/**력**	每 매양 매 毋변 3획 (뜻) 매양	매일(每日) : **매**/날 **일** 매년(每年) : **매**/해 **년** 매사(每事) : **매**/일 **사**
老 늙을 로 老변 0획 (뜻) 늙다	노인(老人) : **노**/사람 **인** 노소(老少) : **노**/적을 **소** 노약자(老弱者) : **노**/약할 **약**/사람 **자**	面 낯 면 面변 0획 (뜻) 낯, 얼굴	면회(面會) : **면**/모일 **회** 면수(面數) : **면**/셀 **수** 사면(四面) : 넉 **사**/**면**
里 마을 리 里변 0획 (뜻) 마을	이장(里長) : **이**/어른 **장** 천리(千里) : 일천 **천**/**리** 동리(洞里) : 골 **동**/**리**	名 이름 명 口변 3획 (뜻) 이름	명가(名家) : **명**/집 **가** 명의(名醫) : **명**/의원 **의** 명문(名文) : **명**/글월 **문**

7급

命 목숨 명 口변 5획 (뜻) 목숨	명령(命令) : **명**/명령할 령 명중(命中) : **명**/가운데 중 생명(生命) : 날 생/**명**	百 일백 백 白변 1획 (뜻) 숫자 100	백미(百味) : **백**/맛 미 백화(百花) : **백**/꽃 화 백과(百科) : **백**/과목 과
文 글월 문 文변 0획 (뜻) 글월	문서(文書) : **문**/글 서 문집(文集) : **문**/모을 집 문물(文物) : **문**/물건 물	夫 지아비 부 大변 1획 (뜻) 남편	부부(夫婦) : **부**/아내 부 부군(夫君) : **부**/임금 군 농부(農夫) : 농사 농/**부**
問 물을 문 口변 8획 (뜻) 물어보다	문답(問答) : **문**/답할 답 문병(問病) : **문**/병 병 문제(問題) : **문**/제목 제	不 아닐 부/불 一변 3획 (뜻) 아니다	부당(不當) : **부**/마땅할 당 불가(不可) : **불**/옳을 가 불평(不平) : **불**/평평할 평
物 물건 물 牛변 4획 (뜻) 물건	물질(物質) : **물**/바탕 질 물리(物理) : **물**/이치 리 물색(物色) : **물**/빛 색	事 일 사 亅변 7획 (뜻) 일	사물(事物) : **사**/물건 물 사실(事實) : **사**/열매 실 사건(事件) : **사**/사건 건
方 모 방 方변 0획 (뜻) 0	방금(方今) : **방**/이제 금 방식(方式) : **방**/법 식 한방(韓方) : 나라 한/**방**	算 셈 산 竹변 8획 (뜻) 셈	산수(算數) : **산**/셀 수 산출(算出) : **산**/나갈 출 계산(計算) : 셀 계/**산**

7급

上 윗 상 一변 2획 (뜻) 위	상급(上級) : **상**/등급 **급** 상위(上位) : **상**/자리 **위** 정상(頂上) : 이마 **정**/**상**	少 적을,젊을 소 小변 1획 (뜻) 적다, 젊다	소녀(少女) : **소**/여자 **녀** 소량(少量) : **소**/헤아릴 **량** 소수(少數) : **소**/셀 **수**
色 빛 색 色변 0획 (뜻) 빛	색광(色光) : **색**/빛 **광** 색지(色紙) : **색**/종이 **지** 색감(色感) : **색**/느낄 **감**	所 바 소 戶변 4획 (뜻) 장소	소감(所感) : **소**/느낄 **감** 소유(所有) : **소**/있을 **유** 소장(所長) : **소**/어른 **장**
夕 저녁 석 夕변 0획 (뜻) 저녁	석간(夕刊) : **석**/책펴낼 **간** 추석(秋夕) : 가을 **추**/**석** 조석(朝夕) : 아침 **조**/**석**	手 손 수 手변 0획 (뜻) 손	수동(手動) : **수**/움직일 **동** 수족(手足) : **수**/발 **족** 수중(手中) : **수**/가운데 **중**
姓 성 성 女변 5획 (뜻) 성씨	성명(姓名) : **성**/이름 **명** 성씨(姓氏) : **성**/성씨 **씨** 백성(百姓) : 일백 **백**/**성**	數 셈 수 攵변 11획 (뜻) 셈	수리(數理) : **수**/이치 **리** 숫자(數字) : **수**/글자 **자** 수년(數年) : **수**/해 **년**
世 인간 세 一변 5획 (뜻) 인간	세계(世界) : **세**/지경 **계** 세상(世上) : **세**/윗 **상** 세자(世子) : **세**/아들 **자**	市 저자 시 巾변 2획 (뜻) 시장	시장(市場) : **시**/마당 **장** 시민(市民) : **시**/백성 **민** 시장(市長) : **시**/어른 **장**

7급

時 때 시 日변 6획 (뜻) 때	시간(時間) : **시**/사이 간 시대(時代) : **시**/대신할 대 시일(時日) : **시**/날 일	語 말씀 어 言변 7획 (뜻) 말씀	어법(語法) : **어**/법 법 어학(語學) : **어**/배울 학 국어(國語) : 나라 국/**어**
食 먹을 식 食변 0획 (뜻) 밥/먹다	식당(食堂) : **식**/집 당 식수(食水) : **식**/물 수 식구(食口) : **식**/입 구	然 그럴 연 灬변 8획 (뜻) 그러하다	연후(然後) : **연**/뒤 후 자연(自然) : 스스로 자/**연** 천연(天然) : 하늘 천/**연**
植 심을 식 木변 8획 (뜻) 먹다	식물(植物) : **식**/물건 물 식수(植樹) : **식**/나무 수 식민지(植民地) : **식**/백성 **민**/땅 지	午 낮 오 十변 2획 (뜻) 낮	오전(午前) : **오**/앞 전 오시(午時) : **오**/때 시 정오(正午) : 바를 정/**오**
心 마음 심 心변 0획 (뜻) 마음	심기(心氣) : **심**/기운 기 심신(心身) : **심**/몸 신 심산(心算) : **심**/셀 산	右 오른 우 口변 2획 (뜻) 오른쪽	우측(右側) : **우**/기울 측 우익(右翼) : **우**/날개 익 좌우(左右) : 왼 좌/**우**
安 편안 안 宀변 3획 (뜻) 편안하다	안심(安心) : **안**/마음 심 안정(安定) : **안**/정할 정 안주(安住) : **안**/살 주	有 있을 유 月변 2획 (뜻) 있다	유리(有利) : **유**/이로울 리 유무(有無) : **유**/없을 무 유력(有力) : **유**/힘 력

7급

한자	예시	한자	예시
育 기를 **육** 肉변 4획 (뜻) 기르다	육성(育成) : **육**/이룰 **성** 육림(育林) : **육**/수풀 **림** 발육(發育) : 필 **발**/**육**	**自** 스스로 **자** 自변 0획 (뜻) 스스로	자동(自動) : **자**/움직일 **동** 자연(自然) : **자**/그럴 **연** 자력(自力) : **자**/힘 **력**
邑 고을 **읍** 邑변 0획 (뜻) 고을	읍내(邑內) : **읍**/안 **내** 읍촌(邑村) : **읍**/마을 **촌** 도읍(都邑) : 도읍 **도**/**읍**	**場** 마당 **장** 土변 9획 (뜻) 마당	장소(場所) : **장**/바 **소** 장면(場面) : **장**/얼굴 **면** 운동장(運動場) : 돌 **운**/움직일 **동**/마당 **장**
入 들 **입** 入변 0획 (뜻) 들어가다	입문(入門) : **입**/문 **문** 입교(入校) : **입**/학교 **교** 출입(出入) : 나갈 **출**/**입**	**全** 온전 **전** 入변 4획 (뜻) 온전하다	전국(全國) : **전**/나라 **국** 전부(全部) : **전**/거느릴 **부** 전문(全文) : **전**/글월 **문**
子 아들 **자** 子변 0획 (뜻) 아들	자녀(子女) : **자**/여자 **녀** 자음(子音) : **자**/소리 **음** 자제(子弟) : **자**/아우 **제**	**前** 앞 **전** 刂변 7획 (뜻) 앞	전후(前後) : **전**/뒤 **후** 전면(前面) : **전**/얼굴 **면** 전문(前文) : **전**/글월 **문**
字 글자 **자** 子변 3획 (뜻) 글자	자형(字形) : **자**/형상 **형** 자수(字數) : **자**/셀 **수** 문자(文字) : 글월 **문**/**자**	**電** 번개 **전** 雨변 5획 (뜻) 번개	전기(電氣) : **전**/기운 **기** 전차(電車) : **전**/수레 **차** 전력(電力) : **전**/힘 **력**

7급

正 바를 **정** 止변 1획 (뜻) 바르다	정면(正面) : **정**/얼굴 **면** 정답(正答) : **정**/대답할 **답** 정식(正式) : **정**/법 **식**	**住** 살 **주** 亻변 5획 (뜻) 살다	주택(住宅) : **주**/집 **택** 주소(住所) : **주**/바 **소** 주지(住持) : **주**/가질 **지**
祖 할아비 **조** 示변 5획 (뜻) 할아버지	조상(祖上) : **조**/윗 **상** 조부(祖父) : **조**/아버지 **부** 조업(祖業) : **조**/업 **업**	**重** 무거울 **중** 里변 2획 (뜻) 무겁다	중대(重大) : **중**/큰 **대** 중요(重要) : **중**/구할 **요** 중력(重力) : **중**/힘 **력**
足 발 **족** 足변 0획 (뜻) 발	수족(手足) : 손 **수**/**족** 사족(蛇足) : 뱀 **사**/**족** 장족(長足) : 긴 **장**/**족**	**地** 땅 **지** 土변 3획 (뜻) 땅	지구(地球) : **지**/공 **구** 지리(地理) : **지**/다스릴 **리** 지명(地名) : **지**/이름 **명**
左 왼 **좌** 工변 2획 (뜻) 왼쪽	좌익(左翼) : **좌**/날개 **익** 좌수(左手) : **좌**/손 **수** 좌우(左右) : **좌**/오른 **우**	**紙** 종이 **지** 糸변 4획 (뜻) 종이	지가(紙價) : **지**/값 **가** 지물(紙物) : **지**/물건 **물** 지상(紙上) : **지**/윗 **상**
主 주인 **주** 丶변 4획 (뜻) 주인/임금	주객(主客) : **주**/손 **객** 주인(主人) : **주**/사람 **인** 주권(主權) : **주**/권세 **권**	**直** 곧을 **직** 目변 3획 (뜻) 곧다	직각(直角) : **직**/뿔 **각** 직면(直面) : **직**/얼굴 **면** 직선(直選) : **직**/가릴 **선**

7급

한자	예시	한자	예시
千 일천 **천** 十변 1획 (뜻) 숫자 1000	천리(千里) : **천**/마을 리 천자문(千字文) : **천**/글자 **자**/글월 문 천만다행(千萬多幸) : **천**/일만 **만**/많을 **다**/다행 **행**	**秋** 가을 **추** 禾변 4획 (뜻) 가을	추동(秋冬) : **추**/겨울 동 추석(秋夕) : **추**/저녁 석 추월(秋月) : **추**/달 월
川 내 **천** 川변 0획 (뜻) 내	산천(山川) : 뫼 산/**천** 천변(川邊) : **천**/가 변 청계천(淸溪川) : 맑을 **청**/시내 **계**/**천**	**春** 봄 **춘** 日변 5획 (뜻) 봄	춘풍(春風) : **춘**/바람 풍 춘추(春秋) : **춘**/가을 추 춘기(春氣) : **춘**/기운 기
天 하늘 **천** 大변 1획 (뜻) 하늘	천당(天堂) : **천**/집 당 천운(天運) : **천**/돌 운 천연(天然) : **천**/그럴 연	**出** 날 **출** 凵변 3획 (뜻) 나가다	출력(出力) : **출**/힘 력 출신(出身) : **출**/몸 신 출구(出口) : **출**/입 구
草 풀 **초** 艹변 6획 (뜻) 풀	초가(草家) : **초**/집 가 초록(草綠) : **초**/초록빛 록 초식(草食) : **초**/먹을 식	**便** 편할 **편/변** 亻변 7획 (뜻) 편하다/똥오줌	편리(便利) : **편**/이로울 리 편안(便安) : **편**/편안할 안 변소(便所) : **변**/바 소
村 마을 **촌** 木변 3획 (뜻) 마을	촌락(村落) : **촌**/떨어질 락 촌장(村長) : **촌**/어른 장 촌부(村夫) : **촌**/사내 부	**平** 평평할 **평** 干변 2획 (뜻) 평평하다	평등(平等) : **평**/가지런할 등 평지(平地) : **평**/땅 지 평면(平面) : **평**/얼굴 면

7급

下 아래 하 一변 2획 (뜻) 아래	하오(下午) : **하**/낮 **오** 상하(上下) : 윗 **상**/**하** 하명(下命) : **하**/목숨 **명**	話 말씀 화 言변 6획 (뜻) 말씀	화법(話法) : **화**/법 **법** 화제(話題) : **화**/제목 **제** 전화(電話) : 번개 **전**/**화**
夏 여름 하 夊변 7획 (뜻) 여름	하복(夏服) : **하**/옷 **복** 하절(夏節) : **하**/마디 **절** 입하(立夏) : 설 **립**/**하**	活 살 활 氵변 6획 (뜻) 살다	활동(活動) : **활**/움직일 **동** 활기(活氣) : **활**/기운 **기** 활력(活力) : **활**/힘 **력**
漢 한나라 한 氵변 11획 (뜻) 한나라/한수	한문(漢文) : **한**/글월 **문** 한족(漢族) : **한**/겨레 **족** 한강(漢江) : **한**/강 **강**	孝 효도 효 子변 4획 (뜻) 효도	효도(孝道) : **효**/도리 **도** 효자(孝子) : **효**/아들 **자** 효심(孝心) : **효**/마음 **심**
海 바다 해 氵변 7획 (뜻) 바다	해군(海軍) : **해**/군사 **군** 해녀(海女) : **해**/여자 **녀** 동해(東海) : 동녘 **동**/**해**	後 뒤 후 彳변 6획 (뜻) 뒤	후기(後期) : **후**/기약할 **기** 후세(後世) : **후**/세상 **세** 후면(後面) : **후**/겉 **면**
花 꽃 화 艹변 4획 (뜻) 꽃	화원(花園) : **화**/동산 **원** 화초(花草) : **화**/풀 **초** 화목(花木) : **화**/나무 **목**	休 쉴 휴 亻변 4획 (뜻) 쉬다	휴교(休校) : **휴**/학교 **교** 휴일(休日) : **휴**/날 **일** 휴전(休戰) : **휴**/싸울 **전**

6급(6-II급)

150자 (8급·7급 포함 300자)

(※ 6-II급은 쓰기문제 없음)

6급

角 뿔 **각** 角변 0획 (뜻) 뿔	각도(角度) : **각**/법도 **도** 각목(角木) : **각**/나무 **목** 사각(四角) : 넉 **사**/**각**	**京** 서울 **경** 亠변 6획 (뜻) 서울	경도(京都) : **경**/도읍 **도** 경향(京鄕) : **경**/시골 **향** 경기도(京畿道) : **경**/경기 **기**/길 **도**
各 각각 **각** 口변 3획 (뜻) 각각	각각(各各) : **각**/**각** 각색(各色) : **각**/빛 **색** 각자(各自) : **각**/스스로 **자**	**界** 지경 **계** 田변 4획 (뜻) 지경	세계(世界) : 세상 **세**/**계** 경계(境界) : 지경 **경**/**계** 교육계(敎育界) : 가르칠 **교**/기를 **육**/**계**
感 느낄 **감** 心변 9획 (뜻) 느끼다	감기(感氣) : **감**/기운 **기** 감동(感動) : **감**/움직일 **동** 감정(感情) : **감**/뜻 **정**	**計** 셀 **계** 言변 2획 (뜻) 셈을 세다	계산(計算) : **계**/셀 **산** 계수(計數) : **계**/셈 **수** 계량(計量) : **계**/헤아릴 **량**
強 강할 **강** 弓변 8획 (뜻) 강하다	강력(強力) : **강**/힘 **력** 강약(強弱) : **강**/약할 **약** 강직(強直) : **강**/곧을 **직**	**古** 예 **고** 口변 2획 (뜻) 옛날	고금(古今) : **고**/이제 **금** 고물(古物) : **고**/물건 **물** 고전(古典) : **고**/법 **전**
開 열 **개** 門변 4획 (뜻) 열다	개학(開學) : **개**/배울 **학** 개발(開發) : **개**/쏠 **발** 개폐(開閉) : **개**/닫을 **폐**	**高** 높을 **고** 高변 0획 (뜻) 높다	고급(高級) : **고**/등급 **급** 고도(高度) : **고**/법도 **도** 고등(高等) : **고**/평등할 **등**

6급

苦 쓸 고 艹변 5획 (뜻) 쓰다	고대(苦待) : **고**/기다릴 **대** 고생(苦生) : **고**/날 **생** 고락(苦樂) : **고**/즐길 **락**	科 과목 과 禾변 4획 (뜻) 과목	과목(科目) : **과**/눈 **목** 과학(科學) : **과**/배울 **학** 문과(文科) : 글월 **문**/**과**
功 공 공 力변 3획 (뜻) 공적	공리(功利) : **공**/이로울 **리** 공덕(功德) : **공**/큰 **덕** 공명심(功名心) : **공**/이름 **명**/마음 **심**	光 빛 광 儿변 4획 (뜻) 빛	광선(光線) : **광**/줄 **선** 광속(光速) : **광**/빠를 **속** 광복(光復) : **광**/돌아올 **복**
公 공평할 공 入변 2획 (뜻) 공변되다	공평(公平) : **공**/평평할 **평** 공공(公共) : **공**/함께 **공** 공립(公立) : **공**/설 **립**	交 사귈 교 亠변 4획 (뜻) 사귀다	교대(交代) : **교**/대신할 **대** 교감(交感) : **교**/느낄 **감** 교신(交信) : **교**/믿을 **신**
共 한가지 공 八변 4획 (뜻) 한가지	공감(共感) : **공**/느낄 **감** 공동(共同) : **공**/한가지 **동** 공생(共生) : **공**/날 **생**	區 구분할 구 匸변 9획 (뜻) 구분하다/지경	구분(區分) : **구**/나눌 **분** 구별(區別) : **구**/다를 **별** 구역(區域) : **구**/지경 **역**
果 과실 과 木변 4획 (뜻) 과일	과실(果實) : **과**/열매 **실** 과연(果然) : **과**/그럴 **연** 과수원(果樹園) : **과**/나무 **수**/동산 **원**	球 공 구 玉변 7획 (뜻) 공/옥경	구기(球技) : **구**/재주 **기** 지구(地球) : 땅 **지**/**구** 안구(眼球) : 눈 **안**/**구**

6급

郡 고을 군 邑변 7획 (뜻) 고을	군민(郡民) : **군**/백성 **민** 군청(郡廳) : **군**/관청 **청** 군내(郡內) : **군**/안 **내**	級 등급 급 糸변 4획 (뜻) 등급	등급(等級) : 등급 **등**/**급** 급수(級數) : **급**/셀 **수** 급훈(級訓) : **급**/가르칠 **훈**
近 가까울 근 辶변 4획 (뜻) 가깝다	근년(近年) : **근**/해 **년** 근대(近代) : **근**/대신할 **대** 근시(近視) : **근**/볼 **시**	多 많을 다 夕변 3획 (뜻) 많다	다소(多少) : **다**/적을 **소** 다량(多量) : **다**/헤아릴 **량** 다독(多讀) : **다**/읽을 **독**
根 뿌리 근 木변 6획 (뜻) 뿌리	근본(根本) : **근**/근본 **본** 근간(根幹) : **근**/줄기 **간** 근거(根據) : **근**/의거할 **거**	短 짧을 단 矢변 7획 (뜻) 짧다	단명(短命) : **단**/목숨 **명** 단기(短期) : **단**/기약할 **기** 단신(短身) : **단**/몸 **신**
今 이제 금 人변 2획 (뜻) 이제	금시(今時) : **금**/때 **시** 금일(今日) : **금**/날 **일** 금년(今年) : **금**/해 **년**	堂 집 당 土변 8획 (뜻) 집	강당(講堂) : 익힐 **강**/**당** 회당(會堂) : 모일 **회**/**당** 법당(法堂) : 법 **법**/**당**
急 급할 급 心변 5획 (뜻) 급하다	급성(急性) : **급**/성품 **성** 급소(急所) : **급**/바 **소** 급행(急行) : **급**/다닐 **행**	代 대신 대 人변 3획 (뜻) 대신하다	대신(代身) : **대**/몸 **신** 대리(代理) : **대**/다스릴 **리** 대안(代案) : **대**/책상 **안**

6급

待 기다릴 대 彳변 6획 (뜻) 기다리다	대기(待機) : **대**/틀 기 대피(待避) : **대**/피할 피 대접(待接) : **대**/사귈 접	童 아이 동 立변 7획 (뜻) 아이	동심(童心) : **동**/마음 심 동시(童詩) : **동**/시 시 동자(童子) : **동**/아들 자
對 대할 대 寸변 11획 (뜻) 대하다	대답(對答) : **대**/답할 답 대립(對立) : **대**/설 립 대면(對面) : **대**/얼굴 면	頭 머리 두 頁변 7획 (뜻) 머리	두각(頭角) : **두**/뿔 각 두목(頭目) : **두**/눈 목 두서(頭書) : **두**/글 서
度 법도 도/탁 广변 6획 (뜻) 법도/헤아리다	도량(度量) : **도**/헤아릴 량 각도(角度) : 뿔 **각/도** 촌탁(忖度) : 헤아릴 **촌/탁**	等 무리 등 竹변 6획 (뜻) 무리	등급(等級) : **등**/등급 급 등신(等身) : **등**/몸 신 고등(高等) : 높을 **고/등**
圖 그림 도 囗변 11획 (뜻) 그림	도면(圖面) : **도**/겉 면 도표(圖表) : **도**/겉 표 도화지(圖畵紙) : **도**/그림 **화**/종이 **지**	樂 즐길 락/악/요 木변 11획 (뜻) 즐기다 / 음악 / 좋아하다	낙원(樂園) : **낙**/동산 원 악장(樂章) : **악**/글 장 요산(樂山) : **요**/산 산
讀 읽을 독 言변 15획 (뜻) 읽다/구절	독서(讀書) : **독**/글 서 독자(讀者) : **독**/사람 자 구독(購讀) : 살 **구/독**	例 법식 례 人변 6획 (뜻) 법식	예문(例文) : **예**/글월 문 예외(例外) : **예**/바깥 외 예제(例題) : **예**/제목 제

6급

禮 예도 례 示변 13획 (뜻) 예절	예절(禮節) : **예**/마디 절 예물(禮物) : **예**/물건 물 예식장(禮式場) : **예**/식 식/마당 장	理 다스릴 리 王변 7획 (뜻) 다스리다	이과(理科) : **이**/과목 과 이공(理工) : **이**/장인 공 이론(理論) : **이**/논의할 론
路 길 로 足변 6획 (뜻) 길	노면(路面) : **노**/겉 면 노상(路上) : **노**/윗 상 노선(路線) : **노**/줄 선	明 밝을 명 日변 4획 (뜻) 밝다	명암(明暗) : **명**/어두울 암 명백(明白) : **명**/흰 백 명당(明堂) : **명**/집 당
綠 푸를 록 糸변 8획 (뜻) 푸르다	녹색(綠色) : **녹**/빛 색 녹음(綠陰) : **녹**/그늘 음 녹화(綠化) : **녹**/될 화	目 눈 목 目변 0획 (뜻) 눈	목적(目的) : **목**/과녁 적 과목(科目) : 과목 과/**목** 제목(題目) : 표제 제/**목**
李 오얏 리 木변 3획 (뜻) 오얏나무/성	이화(李花) : **이**/꽃 화 이조(李朝) : **이**/아침 조 이씨(李氏) : **이**/성 씨	聞 들을 문 耳변 8획 (뜻) 듣다	견문(見聞) : 볼 견/**문** 소문(所聞) : 바 소/**문** 신문(新聞) : 새로울 신/**문**
利 이할 리 刂변 5획 (뜻) 이롭다	이권(利權) : **이**/권세 권 이용(利用) : **이**/쓸 용 이익(利益) : **이**/더할 익	米 쌀 미 米변 0획 (뜻) 쌀	미곡(米穀) : **미**/곡식 곡 미음(米飮) : **미**/마실 음 백미(白米) : 흰 백/**미**

6급

美 아름다울 미 羊변 3획 (뜻) 아름답다	미술(美術) : **미**/꾀 술 미인(美人) : **미**/사람 인 미국(美國) : **미**/나라 국	發 필 **발** 癶변 7획 (뜻) 피다	발견(發見) : **발**/볼 견 발명(發明) : **발**/밝을 명 발음(發音) : **발**/소리 음
朴 성 **박** 木변 2획 (뜻) 성	박초(朴硝) : **박**/망초 초 박혁거세(朴赫居世) : **박**/붉을 **혁**/살 **거**/세상 세 순박(淳朴) : 맑을 **순**/박	放 놓을 **방** 支변 4획 (뜻) 놓다	방심(放心) : **방**/마음 심 방생(放生) : **방**/날 생 방화(放火) : **방**/불 화
反 돌이킬 **반** 又변 2획 (뜻) 돌이키다/돌아오다	반대(反對) : **반**/대답할 대 반동(反動) : **반**/움직일 동 반문(反問) : **반**/물을 문	番 차례 **번** 田변 7획 (뜻) 차례	번호(番號) : **번**/이름 호 번지(番地) : **번**/땅 지 군번(軍番) : 군사 **군**/**번**
半 반 **반** 十변 3획 (뜻) 반	반구(半球) : **반**/공 구 반음(半音) : **반**/소리 음 반숙(半熟) : **반**/익힐 숙	別 다를 **별** 刀변 5획 (뜻) 다르다	별명(別名) : **별**/이름 명 별당(別堂) : **별**/집 당 별세(別世) : **별**/세상 세
班 나눌 **반** 玉변 6획 (뜻) 나누다	반상(班常) : **반**/항상 상 반장(班長) : **반**/어른 장 분반(分班) : 나눌 **분**/**반**	病 병 **병** 疒변 5획 (뜻) 병	병명(病名) : **병**/이름 명 병약(病弱) : **병**/약할 약 병원(病院) : **병**/집 원

6급

服 옷 **복** 月변 4획 (뜻) 옷	복장(服裝) : **복**/꾸밀 장 교복(校服) : 학교 **교**/**복** 내복(內服) : 안 **내**/**복**	**死** 죽을 **사** 歹변 2획 (뜻) 죽다	사망(死亡) : **사**/망할 망 사별(死別) : **사**/다를 별 사생(死生) : **사**/날 생
本 근본 **본** 木변 1획 (뜻) 근본	본론(本論) : **본**/논의할 론 본부(本部) : **본**/거느릴 부 본성(本性) : **본**/성품 성	**社** 모일 **사** 示변 3획 (뜻) 모이다	사회(社會) : **사**/모일 회 사설(社說) : **사**/말씀 설 사장(社長) : **사**/어른 장
部 떼 **부** 邑변 8획 (뜻) 떼/마을	부문(部門) : **부**/문 문 부분(部分) : **부**/나눌 분 부족(部族) : **부**/겨레 족	**書** 글 **서** 日변 6획 (뜻) 글/책	서당(書堂) : **서**/집 당 서신(書信) : **서**/믿을 신 서체(書體) : **서**/몸 체
分 나눌 **분** 刀변 2획 (뜻) 나누다	분가(分家) : **분**/집 가 분야(分野) : **분**/들 야 분업(分業) : **분**/업 업	**石** 돌 **석** 石변 0획 (뜻) 돌	석기(石器) : **석**/그릇 기 석물(石物) : **석**/물건 물 석유(石油) : **석**/기름 유
使 부릴 **사** 人변 6획 (뜻) 부리다/하여금	사명(使命) : **사**/목숨 명 사용(使用) : **사**/쓸 용 사신(使臣) : **사**/신하 신	**席** 자리 **석** 巾변 7획 (뜻) 자리	석차(席次) : **석**/다음 차 공석(空席) : 빌 **공**/**석** 출석(出席) : 나갈 **출**/**석**

6급

線 줄 **선** 糸변 9획 (뜻) 줄	선로(線路) : **선**/길 **로** 선상(線上) : **선**/윗 **상** 선형(線形) : **선**/모양 **형**	速 빠를 **속** 辵변 7획 (뜻) 빠르다	속기(速記) : **속**/기록할 **기** 속도(速度) : **속**/법도 **도** 속독(速讀) : **속**/읽을 **독**
雪 눈 **설** 雨변 3획 (뜻) 눈	설경(雪景) : **설**/경치 **경** 설화(雪花) : **설**/꽃 **화** 백설(白雪) : 흰 **백**/**설**	孫 손자 **손** 子변 7획 (뜻) 손자	손자(孫子) : **손**/아들 **자** 자손(子孫) : 아들 **자**/**손** 종손(宗孫) : 마루 **종**/**손**
成 이룰 **성** 戈변 3획 (뜻) 이루다	성공(成功) : **성**/공 **공** 성과(成果) : **성**/과실 **과** 성립(成立) : **성**/설 **립**	樹 나무 **수** 木변 12획 (뜻) 나무	수목(樹木) : **수**/나무 **목** 수립(樹立) : **수**/설 **립** 식수(植樹) : 심을 **식**/**수**
省 살필 **성**/생 目변 4획 (뜻) 살피다/덜다	성묘(省墓) : **성**/무덤 **묘** 성찰(省察) : **성**/살필 **찰** 생략(省略) : 덜 **생**/다스릴 **략**	術 재주 **술** 行변 5획 (뜻) 재주	술수(術數) : **술**/셀 **수** 술어(術語) : **술**/말씀 **어** 기술(技術) : 재주 **기**/**술**
消 사라질 **소** 水변 7획 (뜻) 사라지다	소독(消毒) : **소**/독 **독** 소비(消費) : **소**/쓸 **비** 소방(消防) : **소**/막을 **방**	習 익힐 **습** 羽변 5획 (뜻) 익히다	습작(習作) : **습**/지을 **작** 습관(習慣) : **습**/버릇 **관** 자습(自習) : 스스로 **자**/**습**

6급

勝 이길 승 力변 10획 (뜻) 이기다	승리(勝利) : **승**/이로울 **리** 승부(勝負) : **승**/질 **부** 승자(勝者) : **승**/사람 **자**	信 믿을 신 人변 7획 (뜻) 믿다	신호(信號) : **신**/이름 **호** 신자(信者) : **신**/사람 **자** 신용(信用) : **신**/쓸 **용**
始 비로소 시 女변 5획 (뜻) 비로소	시작(始作) : **시**/지을 **작** 시동(始動) : **시**/움직일 **동** 시발(始發) : **시**/필 **발**	新 새 신 斤변 9획 (뜻) 새롭다	신문(新聞) : **신**/들을 **문** 신년(新年) : **신**/해 **년** 신입(新入) : **신**/들 **입**
式 법 식 弋변 3획 (뜻) 법	식장(式場) : **식**/마당 **장** 방식(方式) : 모 **방**/**식** 입학식(入學式) : 들 **입**/배울 **학**/**식**	失 잃을 실 大변 2획 (뜻) 잃다	실례(失禮) : **실**/예도 **례** 실수(失手) : **실**/손 **수** 실신(失神) : **실**/정신 **신**
神 귀신 신 示변 5획 (뜻) 귀신	신경(神經) : **신**/날실 **경** 신명(神明) : **신**/밝을 **명** 신부(神父) : **신**/아비 **부**	愛 사랑 애 心변 9획 (뜻) 사랑	애인(愛人) : **애**/사람 **인** 애정(愛情) : **애**/뜻 **정** 애국(愛國) : **애**/나라 **국**
身 몸 신 身변 0획 (뜻) 몸	신체(身體) : **신**/몸 **체** 신분(身分) : **신**/나눌 **분** 신장(身長) : **신**/긴 **장**	夜 밤 야 夕변 5획 (뜻) 밤	야간(夜間) : **야**/사이 **간** 야근(夜勤) : **야**/부지런할 **근** 심야(深夜) : 깊을 **심**/**야**

6급

野 들 야 里변 4획 (뜻) 들판	야구(野球) : **야**/공 구 야산(野山) : **야**/산 산 야외(野外) : **야**/바깥 외	言 말씀 언 言변 0획 (뜻) 말씀	언론(言論) : **언**/논의할 론 언어(言語) : **언**/말씀 어 언약(言約) : **언**/맺을 약
弱 약할 약 弓변 7획 (뜻) 약하다	약소(弱小) : **약**/작을 소 약점(弱點) : **약**/점 점 약체(弱體) : **약**/몸 체	業 업 업 木변 9획 (뜻) 직업	업무(業務) : **업**/힘쓸 무 업자(業者) : **업**/사람 자 업적(業績) : **업**/공 적
藥 약 약 艹변 15획 (뜻) 약	약국(藥局) : **약**/판 국 약사(藥師) : **약**/스승 사 약초(藥草) : **약**/풀 초	永 길 영 水변 1획 (뜻) 길다	영세(永世) : **영**/세상 세 영원(永遠) : **영**/멀 원 영존(永存) : **영**/있을 존
洋 큰바다 양 水변 6획 (뜻) 큰바다	양약(洋藥) : **양**/약 약 양복(洋服) : **양**/옷 복 대양(大洋) : 큰 **대**/**양**	英 꽃부리 영 艹변 5획 (뜻) 꽃부리	영국(英國) : **영**/나라 국 영어(英語) : **영**/말씀 어 영재(英才) : **영**/재주 재
陽 볕 양 阜변 9획 (뜻) 햇볕	양기(陽氣) : **양**/기운 기 양지(陽地) : **양**/땅 지 양춘(陽春) : **양**/봄 춘	溫 따뜻할 온 水변 10획 (뜻) 따뜻하다	온기(溫氣) : **온**/기운 기 온도(溫度) : **온**/법도 도 온정(溫情) : **온**/뜻 정

6급

用 쓸 용 用변 0획 (뜻) 사용하다	용어(用語) : **용**/말씀 **어** 용지(用紙) : **용**/종이 **지** 용무(用務) : **용**/힘쓸 **무**	由 말미암을 유 田변 0획 (뜻) 말미암다	유래(由來) : **유**/올 **래** 사유(事由) : 일 **사**/**유** 자유(自由) : 스스로 **자**/**유**
勇 날랠 용 力변 7획 (뜻) 날래다	용감(勇敢) : **용**/감히 **감** 용맹(勇猛) : **용**/사나울 **맹** 용사(勇士) : **용**/선비 **사**	油 기름 유 水변 5획 (뜻) 기름	유전(油田) : **유**/밭 **전** 유화(油畫) : **유**/그림 **화** 석유(石油) : 돌 **석**/**유**
運 옮길 운 辶변 9획 (뜻) 옮기다	운동(運動) : **운**/움직일 **동** 운행(運行) : **운**/다닐 **행** 운명(運命) : **운**/목숨 **명**	銀 은 은 金변 6획 (뜻) 은	은상(銀賞) : **은**/상줄 **상** 은하(銀河) : **은**/강이름 **하** 은행(銀行) : **은**/다닐 **행**
園 동산 원 口변 10획 (뜻) 동산	원예(園藝) : **원**/심을 **예** 정원(庭園) : 뜰 정/**원** 농원(農園) : 농사 농/**원**	音 소리 음 音변 0획 (뜻) 소리	음악(音樂) : **음**/풍류 **악** 음치(音癡) : **음**/어리석을 **치** 음속(音速) : **음**/빠를 **속**
遠 멀 원 辶변 10획 (뜻) 멀다	원근(遠近) : **원**/가까울 **근** 원대(遠大) : **원**/큰 **대** 원양(遠洋) : **원**/바다 **양**	飮 마실 음 食변 4획 (뜻) 마시다	음식(飮食) : **음**/먹을 **식** 음주(飮酒) : **음**/술 **주** 음료(飮料) : **음**/헤아릴 **료**

6급

衣 옷 의 衣변 0획 (뜻) 옷	의복(衣服) : **의**/옷 **복** 의류(衣類) : **의**/무리 **류** 의식주(衣食住) : **의**/먹을 **식**/살 **주**	昨 어제 작 日변 5획 (뜻) 어제	작금(昨今) : **작**/이제 **금** 작년(昨年) : **작**/해 **년** 작일(昨日) : **작**/날 **일**
意 뜻 의 心변 9획 (뜻) 뜻/생각	의견(意見) : **의**/볼 **견** 의욕(意慾) : **의**/욕심 **욕** 의의(意義) : **의**/옳을 **의**	章 글 장 立변 6획 (뜻) 글	문장(文章) : 글월 **문**/**장** 악장(樂章) : 풍류 **악**/**장** 헌장(憲章) : 법 **헌**/**장**
醫 의원 의 酉변 11획 (뜻) 의사	의사(醫師) : **의**/스승 **사** 의술(醫術) : **의**/꾀 **술** 의약(醫藥) : **의**/약 **약**	才 재주 재 手변 0획 (뜻) 재주	재능(才能) : **재**/능할 **능** 재색(才色) : **재**/빛 **색** 천재(天才) : 하늘 **천**/**재**
者 놈 자 老변 5획 (뜻) 놈/사람/것	기자(記者) : 기록할 **기**/**자** 독자(讀者) : 읽을 **독**/**자** 승자(勝者) : 이길 **승**/**자**	在 있을 재 土변 3획 (뜻) 있다	재천(在天) : **재**/하늘 **천** 재고(在庫) : **재**/창고 **고** 재직(在職) : **재**/벼슬 **직**
作 지을 작 人변 5획 (뜻) 만들다	작성(作成) : **작**/이룰 **성** 작용(作用) : **작**/쓸 **용** 동작(動作) : 움직일 **동**/**작**	戰 싸움 전 戈변 12획 (뜻) 싸움	전사(戰死) : **전**/죽을 **사** 전선(戰線) : **전**/줄 **선** 전쟁(戰爭) : **전**/다툴 **쟁**

6급

定 정할 정 宀변 5획 (뜻) 정하다	정가(定價): **정**/값 가 정립(定立): **정**/설 립 정원(定員): **정**/사람 원	**族** 겨레 족 方변 7획 (뜻) 겨레	족보(族譜): **족**/계보 보 가족(家族): 집 **가/족** 민족(民族): 백성 **민/족**
庭 뜰 정 广변 7획 (뜻) 뜰/마당	정원(庭園): **정**/동산 원 정구(庭球): **정**/공 구 가정(家庭): 집 **가/정**	**注** 부을 주 水변 5획 (뜻) 물대다/붓다	주목(注目): **주**/눈 목 주의(注意): **주**/뜻 의 주유(注油): **주**/기름 유
第 차례 제 竹변 5획 (뜻) 차례(순서)	제일(第一): **제**/하나 일 제이심(第二審): **제**/두 이/살필 심 제삼자(第三者): **제**/석 삼/사람 자	**晝** 낮 주 日변 7획 (뜻) 낮	주간(晝間): **주**/사이 간 주야(晝夜): **주**/밤 야 백주(白晝): 흰 **백/주**
題 제목 제 頁변 9획 (뜻) 제목	제목(題目): **제**/눈 목 제호(題號): **제**/이름 호 출제(出題): 나갈 **출/제**	**集** 모을 집 隹변 4획 (뜻) 모으다	집계(集計): **집**/꾀 계 집회(集會): **집**/모일 회 문집(文集): 글월 **문/집**
朝 아침 조 月변 8획 (뜻) 아침	조례(朝禮): **조**/예도 례 조선(朝鮮): **조**/고울 선 조회(朝會): **조**/모일 회	**窓** 창문 창 穴변 6획 (뜻) 창문	창문(窓門): **창**/문 문 동창(同窓): 같을 **동/창** 학창(學窓): 배울 **학/창**

6급

淸 맑을 청 水변 8획 (뜻) 맑다	청결(淸潔) : **청**/깨끗할 **결** 청소(淸掃) : **청**/쓸 **소** 청풍(淸風) : **청**/바람 **풍**	特 특별할 특 牛변 6획 (뜻) 특별하다	특기(特技) : **특**/기술 **기** 특별(特別) : **특**/다를 **별** 특정(特定) : **특**/정할 **정**
體 몸 체 骨변 13획 (뜻) 몸	체력(體力) : **체**/힘 **력** 체온(體溫) : **체**/따뜻할 **온** 체육(體育) : **체**/기를 **육**	表 겉 표 衣변 2획 (뜻) 겉	표면(表面) : **표**/겉 **면** 표의(表意) : **표**/뜻 **의** 표현(表現) : **표**/나타날 **현**
親 친할 친 見변 9획 (뜻) 친하다	친구(親舊) : **친**/옛 **구** 친선(親善) : **친**/착할 **선** 친절(親切) : **친**/끊을 **절**	風 바람 풍 風변 0획 (뜻) 바람	풍차(風車) : **풍**/수레 **차** 풍습(風習) : **풍**/익힐 **습** 풍경(風景) : **풍**/경치 **경**
太 클 태 大변 1획 (뜻) 크다	태양(太陽) : **태**/볕 **양** 태고(太古) : **태**/옛 **고** 태백산(太白山) : **태**/흰 **백**/산 **산**	合 합할 합 口변 3획 (뜻) 합하다	합격(合格) : **합**/격식 **격** 합당(合當) : **합**/마땅할 **당** 합리(合理) : **합**/이치 **리**
通 통할 통 辶변 7획 (뜻) 통하다	통로(通路) : **통**/길 **로** 통용(通用) : **통**/쓸 **용** 통화(通話) : **통**/말씀 **화**	行 다닐 행/항 行변 0획 (뜻) 다니다/항렬	행군(行軍) : **행**/군사 **군** 통행(通行) : 통할 **통/행** 항렬(行列) : **항**/벌일 **열**

6급

幸	행복(幸福) : **행**/복 **복**	和	화색(和色) : **화**/빛 **색**
다행 **행**	행운(幸運) : **행**/돌 **운**	화할 **화**	화평(和平) : **화**/평평할 **평**
干변 5획	다행(多幸) : 많을 **다**/**행**	口변 5획	화합(和合) : **화**/합할 **합**
(뜻) 행복하다		(뜻) 화하다	
向	향방(向方) : **향**/모 **방**	畫	화가(畫家) : **화**/집 **가**
향할 **향**	향학(向學) : **향**/배울 **학**	그림 **화/획**	화법(畫法) : **화**/법 **법**
口변 3획	향후(向後) : **향**/뒤 **후**	田변 8획	획수(畫數) : **획**/셀 **수**
(뜻) 향하다		(뜻) 그림/긋다	
現	현금(現金) : **현**/쇠 **금**	黃	황금(黃金) : **황**/쇠 **금**
나타날 **현**	현실(現實) : **현**/열매 **실**	누를 **황**	황토(黃土) : **황**/흙 **토**
玉변 7획	현재(現在) : **현**/있을 **재**	黃변 0획	황해(黃海) : **황**/바다 **해**
(뜻) 나타나다		(뜻) 누렇다	
形	형성(形成) : **형**/이룰 **성**	會	회견(會見) : **회**/볼 **견**
모양 **형**	형편(形便) : **형**/편할 **편**	모일 **회**	회장(會長) : **회**/어른 **장**
彡변 4획	형체(形體) : **형**/몸 **체**	日변 9획	회화(會話) : **회**/말씀 **화**
(뜻) 모양		(뜻) 모이다	
號	호수(號數) : **호**/셀 **수**	訓	훈육(訓育) : **훈**/기를 **육**
이름 **호**	국호(國號) : 나라 **국**/**호**	가르칠 **훈**	훈수(訓手) : **훈**/손 **수**
虍변 7획	기호(記號) : 기록할 **기**/**호**	言변 3획	훈화(訓話) : **훈**/말씀 **화**
(뜻) 이름		(뜻) 가르치다	

[三] 특성어(特性語) 한자

1. 반의어(反意語)
2. 동의어(同義語)
3. 유사어(類似語)
4. 음(音)이 두 가지 이상인 한자
5. 뜻이 혼돈되기 쉬운 한자
6. 속자(俗字)와 약자(略字)

1. 반의어(反意語)

상대되는 한자와 뜻이 반대되는 한자

各 (각각 각) ↔ 共 (함께 공)		死 (죽을 사) ↔ 活 (살 활)
强 (굳셀 강) ↔ 弱 (약할 약)		先 (먼저 선) ↔ 後 (뒤 후)
江 (물 강) ↔ 山 (뫼(메)산)		消 (사라질 소) ↔ 發 (필 발)
苦 (쓸 고) ↔ 樂 (즐길 락)		手 (손 수) ↔ 足 (발 족)
古 (옛 고) ↔ 今 (이제 금)		遠 (멀 원) ↔ 近 (가까울 근)
敎 (가르칠 교) ↔ 學 (배울 학)		昨 (어제 작) ↔ 今 (이제 금)
南 (남녘 남) ↔ 北 (북녘 북)		長 (길 장) ↔ 短 (짧을 단)
男 (사내 남) ↔ 女 (계집 녀)		全 (온전 전) ↔ 半 (반 반)
內 (안 내) ↔ 外 (바깥 외)		朝 (아침 조) ↔ 夕 (저녁 석)
多 (많을 다) ↔ 少 (적을 소)		祖 (조상 조) ↔ 孫 (손자 손)
大 (큰 대) ↔ 小 (작을 소)		朝 (조정 조) ↔ 野 (들 야)
冬 (겨울 동) ↔ 夏 (여름 하)		左 (왼 좌) ↔ 右 (오른 우)
東 (동녘 동) ↔ 西 (서녘 서)		晝 (낮 주) ↔ 夜 (밤 야)
問 (물을 문) ↔ 答 (대답할 답)		天 (하늘 천) ↔ 地 (땅 지)
別 (나눌 별) ↔ 合 (합할 합)		出 (나갈 출) ↔ 入 (들 입)
父 (아비 부) ↔ 母 (어미 모)		兄 (형 형) ↔ 弟 (아우 제)
分 (나눌 분) ↔ 合 (합할 합)		和 (화할 화) ↔ 戰 (싸움 전)
死 (죽을 사) ↔ 生 (날 생)		訓 (뜻 훈) ↔ 音 (소리 음)

2. 동의어(同義語)

앞 뒤를 바꿔 놓아도 뜻이 같은 한자

習慣(습관) ↔ 慣習(관습)

保留(보류) ↔ 留保(유보)

合倂(합병) ↔ 倂合(병합)

繼承(계승) ↔ 承繼(승계)

奇怪(기괴) ↔ 怪奇(괴기)

修練(수련) ↔ 練修(연수)

平衡(평형) ↔ 衡平(형평)

親切(친절) ↔ 切親(절친)

鋼鐵(강철) ↔ 鐵鋼(철강)

伐採(벌채) ↔ 採伐(채벌)

實情(실정) ↔ 情實(정실)

演出(연출) ↔ 出演(출연)

數字(수자) ↔ 字數(자수)

體液(체액) ↔ 液體(액체)

家出(가출) ↔ 出家(출가)

色彩(색채) ↔ 彩色(채색)

運命(운명) ↔ 命運(명운)

半折(반절) ↔ 折半(절반)

配分(배분) ↔ 分配(분배)

呼稱(호칭) ↔ 稱呼(칭호)

黨派(당파) ↔ 派黨(파당)

權利(권리) ↔ 利權(이권)

動作(동작) ↔ 作動(작동)

封印(봉인) ↔ 印封(인봉)

敵對(적대) ↔ 對敵(대적)

畏敬(외경) ↔ 敬畏(경외)

物産(물산) ↔ 産物(산물)

如何(여하) ↔ 何如(하여)

和平(화평) ↔ 平和(평화)

受領(수령) ↔ 領受(영수)

親近(친근) ↔ 近親(근친)

下部(하부) ↔ 部下(부하)

3. 유사어(類似語)   뜻이 비슷한 한자

1. 모양이 비슷한 한자

佳(아름다울 가)	佳人(가인)	看(볼 간)	看護(간호)	頃(잠깐 경)	頃刻(경각)
往(갈 왕)	往來(왕래)	着(붙을 착)	着陸(착륙)	項(목 항)	項目(항목)
住(살 주)	住所(주소)				
		減(덜 감)	減少(감소)	決(결정할 결)	決心(결심)
		滅(멸할 멸)	滅亡(멸망)	快(쾌할 쾌)	快樂(쾌락)
各(각각 각)	各自(각자)	甲(갑옷 갑)	甲冑(갑주)	卿(벼슬 경)	公卿(공경)
名(이름 명)	有名(유명)	申(납 신)	申告(신고)	鄕(시골 향)	鄕土(향토)
閣(누각 각)	樓閣(누각)	客(손 객)	旅客(여객)	桂(계수나무 계)	月桂(월계)
閤(협문 합)	閤門(합문)	容(얼굴 용)	容貌(용모)	柱(기둥 주)	柱礎(주초)
殼(껍질 각)	殼斗(각두)	巨(클 거)	巨人(거인)	季(끝 계)	季節(계절)
穀(곡식 곡)	穀物(곡물)	臣(신하 신)	忠臣(충신)	秀(빼어날 수)	秀才(수재)
				委(맡길 위)	委任(위임)
間(사이 간)	間接(간접)	檢(살필 검)	檢査(검사)		
開(열 개)	開拓(개척)	險(험할 험)	險難(험난)	屆(이를 계)	缺勤屆(결근계)
閉(닫을 폐)	閉門(폐문)	儉(검소할 검)	儉素(검소)	屈(굽을 굴)	屈曲(굴곡)
問(물을 문)	問答(문답)				
聞(들을 문)	見聞(견문)	大(큰 대)	大成(대성)	考(생각할 고)	考察(고찰)
		犬(개 견)	犬馬(견마)	老(늙을 로)	老少(노소)
				孝(효도 효)	孝誠(효성)
幹(줄기 간)	幹部(간부)	太(클 태)	太初(태초)		
斡(주선할 알)	斡旋(알선)	丈(어른 장)	丈夫(장부)	苦(쓸 고)	苦痛(고통)
				若(같을 약)	若干(약간)
干(방패 간)	干涉(간섭)	遣(보낼 견)	派遣(파견)		
于(어조사 우)	于今(우금)	遺(끼칠 유)	遺言(유언)	瓜(오이 과)	瓜田(과전)
千(일천 천)	千里(천리)			爪(손톱 조)	爪牙(조아)

困(곤할 곤)	困難(곤란)	勸(권할 권)	勸農(권농)	魔(귀신 마)	魔鬼(마귀)
囚(가둘 수)	罪囚(죄수)	歡(기쁠 환)	歡心(환심)	靡(쓰러질 미)	風靡(풍미)
因(인할 인)	原因(원인)			麾(기 휘)	麾下(휘하)
		兩(두 량)	兩立(양립)		
功(공 공)	功過(공과)	雨(비 우)	雨氣(우기)	幕(장막 막)	幕間(막간)
巧(공교할 교)	巧妙(교묘)			慕(사모할 모)	追慕(추모)
切(끊을 절)	切開(절개)	旅(나그네 려)	旅行(여행)	暮(저물 모)	暮景(모경)
		族(겨레 족)	氏族(씨족)	募(모을 모)	募集(모집)
壞(무너질 괴)	破壞(파괴)				
壤(흙 양)	土壤(토양)	戀(그리워할 련)	戀慕(연모)	末(끝 말)	末端(말단)
懷(품을 회)	懷疑(회의)	蠻(오랑캐 만)	野蠻(야만)	未(아닐 미)	未詳(미상)
丘(언덕 구)	丘陵(구릉)	虜(사로잡을 로)	捕虜(포로)	眠(잠잘 면)	睡眠(수면)
兵(군사 병)	兵馬(병마)	慮(생각 려)	念慮(염려)	眼(눈 안)	眼鏡(안경)
句(글귀 구)	文句(문구)	盧(성 로)	盧氏(노씨)	免(면할 면)	免許(면허)
旬(열흘 순)	上旬(상순)	膚(살갗 부)	皮膚(피부)	兎(토끼 토)	兎脣(토순)
具(갖출 구)	具備(구비)	綠(푸를 록)	綠陰(녹음)	明(밝을 명)	明暗(명암)
旦(아침 단)	元旦(원단)	緣(인연 연)	因緣(인연)	朋(벗 붕)	朋友(붕우)
且(또 차)	且置(차치)				
貝(조개 패)	貝物(패물)	陸(뭍 륙)	陸地(육지)	冒(무릅쓸 모)	冒險(모험)
		睦(화목 목)	和睦(화목)	胃(밥통 위)	胃腸(위장)
九(아홉 구)	九萬(구만)			冑(투구 주)	甲冑(갑주)
丸(탄알 환)	彈丸(탄환)	隣(이웃 린)	隣近(인근)		
		憐(불쌍히여길 련)	憐憫(연민)	矛(창 모)	矛盾(모순)
官(벼슬 관)	官制(관제)			予(나 여)	予曰(여왈)
宮(집 궁)	宮女(궁녀)				

侮(업신여길 모)	侮辱(모욕)	佛(부처 불)	佛教(불교)	書(글 서)	文書(문서)
悔(뉘우칠 회)	悔改(회개)	拂(떨 불)	支拂(지불)	晝(낮 주)	晝夜(주야)
		沸(끓을 비)	沸騰(비등)	畫(그림 화)	畫家(화가)
苗(싹 묘)	苗木(묘목)				
笛(피리 적)	汽笛(기적)	婢(계집종 비)	奴婢(노비)	宣(펼 선)	宣告(선고)
		碑(비석 비)	碑石(비석)	宜(마땅 의)	便宜(편의)
戊(천간 무)	戊夜(무야)				
戍(수자리 수)	衛戍(위수)	貧(가난할 빈)	清貧(청빈)	雪(눈 설)	積雪(적설)
戌(개 술)	戌時(술시)	貪(탐할 탐)	貪官(탐관)	雲(구름 운)	雲集(운집)
微(작을 미)	微小(미소)	氷(얼음 빙)	氷山(빙산)	涉(건널 섭)	交涉(교섭)
徵(부를 징)	徵集(징집)	水(물 수)	流水(유수)	陟(오를 척)	進陟(진척)
徽(아름다울 휘)	徽言(휘언)	永(길 영)	永遠(영원)		
				稅(구실 세)	稅金(세금)
反(돌이킬 반)	反對(반대)	寫(베낄 사)	寫本(사본)	祝(빌 축)	祝賀(축하)
友(벗 우)	友情(우정)	瀉(쏟을 사)	泄瀉(설사)		
		潟(개펄 석)	干潟地(간석지)	俗(속될 속)	俗世(속세)
飯(밥 반)	飯床(반상)			裕(넉넉할 유)	裕福(유복)
飮(마실 음)	飮料(음료)	思(생각 사)	思想(사상)		
		恩(은혜 은)	恩功(은공)	粟(조 속)	一粟(일속)
夫(지아비 부)	夫婦(부부)			栗(밤 률)	生栗(생률)
失(잃을 실)	得失(득실)	士(선비 사)	學士(학사)		
矢(화살 시)	弓矢(궁시)	土(흙 토)	土地(토지)	損(덜 손)	損失(손실)
天(하늘 천)	天地(천지)			捐(버릴 연)	義捐(의연)
		查(조사할 사)	查察(사찰)		
北(북녘 북)	南北(남북)	香(향기 향)	香水(향수)		
比(견줄 비)	比較(비교)			衰(쇠할 쇠)	衰弱(쇠약)
此(이 차)	彼此(피차)	惜(아낄 석)	惜別(석별)	哀(슬플 애)	哀歡(애환)
		借(빌릴 차)	借用(차용)		

遂(이룰 수) 遂行(수행)	延(뻗칠 연) 延期(연기)	油(기름 유) 石油(석유)
逐(쫓을 축) 驅逐(구축)	廷(조정 정) 朝廷(조정)	抽(뽑을 추) 抽象(추상)
順(순할 순) 順序(순서)	營(경영할 영) 營業(영업)	人(사람 인) 人間(인간)
須(모름지기 수) 必須(필수)	螢(반딧불 형) 螢光(형광)	入(들 입) 出入(출입)
		八(여덟 팔) 八道(팔도)
深(깊을 심) 深淺(심천)	午(낮 오) 午前(오전)	
探(더듬을 탐) 探索(탐색)	牛(소 우) 牛乳(우유)	藉(빙자할 자) 慰藉(위자)
		籍(호적 적) 戶籍(호적)
衙(관청 아) 衙門(아문)	汚(더러울 오) 汚點(오점)	
衛(호위할 위) 衛生(위생)	汗(땀 한) 汗蒸(한증)	材(재목 재) 材料(재료)
	朽(썩을 후) 不朽(불후)	村(시골 촌) 村落(촌락)
哀(슬플 애) 悲哀(비애)		林(수풀 림) 林野(임야)
衷(속마음 충) 衷心(충심)	玉(구슬 옥) 玉石(옥석)	森(수풀 삼) 森嚴(삼엄)
	王(임금 왕) 帝王(제왕)	
冶(쇠불릴 야) 陶冶(도야)	壬(아홉째천간 임) 壬戌(임술)	漸(점차 점) 漸次(점차)
治(다스릴 치) 政治(정치)		慚(부끄러워할 참) 無慚(무참)
	曰(가로되 왈) 子曰(자왈)	
	日(날 일) 生日(생일)	情(뜻 정) 情勢(정세)
揚(드날릴 양) 揚名(양명)		淸(맑을 청) 淸潔(청결)
楊(버들 양) 垂楊(수양)	搖(흔들 요) 搖動(요동)	歡(기쁠 환) 歡呼(환호)
場(마당 장) 場所(장소)	遙(멀 요) 遙遠(요원)	
	謠(노래 요) 民謠(민요)	鬼(귀신 귀) 鬼神(귀신)
與(줄 여) 授與(수여)		蒐(모을 수) 蒐集(수집)
興(일 흥) 興亡(흥망)	由(말미암을 유) 由來(유래)	
	田(밭 전) 田畓(전답)	斤(낱근 근) 斤量(근량)
亦(또 역) 亦是(역시)		斥(물리칠 척) 排斥(배척)
赤(붉을 적) 赤色(적색)	惟(생각할 유) 思惟(사유)	
	推(밀 추) 推進(추진)	

今(이제 금)	古今(고금)	端(끝 단)	極端(극단)	獨(홀로 독)	獨立(독립)
令(명령 령)	命令(명령)	瑞(상서 서)	瑞氣(서기)	燭(촛불 촉)	華燭(화촉)
				濁(흐릴 탁)	淸濁(청탁)
給(줄 급)	給料(급료)	遝(모일 답)	遝至(답지)		
絡(이을 락)	連絡(연락)	還(돌아올 환)	歸還(귀환)	童(아이 동)	童話(동화)
				重(무거울 중)	重責(중책)
兢(조심할 궁)	兢兢(긍긍)	代(대신 대)	代表(대표)		
競(다툴 경)	競技(경기)	伐(칠 벌)	討伐(토벌)	剌(어그러질 랄)	潑剌(발랄)
				刺(찌를 자)	刺客(자객)
技(재주 기)	技術(기술)	待(기다릴 대)	期待(기대)		
枚(낱 매)	枚數(매수)	侍(모실 시)	侍下(시하)	提(끌 제)	提示(제시)
枝(가지 지)	枝葉(지엽)			堤(둑 제)	堤防(제방)
		挑(돋울 도)	挑發(도발)		
起(일어날 기)	起居(기거)	桃(복숭아 도)	桃花(도화)	燥(마를 조)	乾燥(건조)
赴(나아갈 부)	赴任(부임)			操(잡을 조)	操縱(조종)
		島(섬 도)	落島(낙도)		
己(몸 기)	自己(자기)	烏(까마귀 오)	烏鵲(오작)	早(일찍 소)	早熟(조숙)
已(이미 이)	已往(이왕)	鳥(새 조)	鳥獸(조수)	旱(가물 한)	旱害(한해)
巳(뱀 사)	巳時(사시)				
巴(땅 파)	巴里(파리)	徒(무리 도)	學徒(학도)	直(곧을 직)	曲直(곡직)
		徙(옮길 사)	移徙(이사)	眞(참 진)	眞理(진리)
		從(좇을 종)	從事(종사)		
奴(종 노)	奴婢(노비)			織(짤 직)	組織(조직)
如(같을 여)	如意(여의)			幟(기 치)	旗幟(기치)
好(좋을 호)	好感(호감)	刀(칼 도)	短刀(단도)	熾(성할 치)	熾熱(치열)
		刃(칼날 인)	霜刃(상인)		
怒(성낼 노)	憤怒(분노)			閉(닫을 폐)	閉鎖(폐쇄)
恕(용서할 서)	容恕(용서)	又(또 우)	又復(우부)	閑(한가할 한)	閑暇(한가)
		叉(갈래 차)	交叉(교차)		

標(표할 표)　　標識(표지) 漂(떠다닐 표)　漂流(표류) 活(살 활)　　　活動(활동) 浩(넓을 호)　　浩然(호연)	郡(고을 군)　　郡邑(군읍) 群(무리 군)　　群衆(군중) 兢(조심할 긍)　兢戒(긍계) 競(다툴 경)　　競馬(경마)	慢(교만할 만)　怠慢(태만) 漫(흩어질 만)　散漫(산만) 密(빽빽할 밀)　密林(밀림) 蜜(꿀 밀)　　　蜜月(밀월)
2. 모양과 음이 비슷한 한자 渴(목마를 갈)　渴望(갈망) 喝(꾸짖을 갈)　恐喝(공갈) 彊(굳셀 강)　　自彊(자강) 疆(지경 강)　　疆土(강토) 槪(대개 개)　　槪觀(개관) 慨(슬퍼할 개)　慨嘆(개탄) 枯(마를 고)　　枯渴(고갈) 姑(시어미 고)　姑婦(고부) 敲(두드릴 고)　推敲(퇴고) 稿(볏짚 고)　　原稿(원고) 控(당길 공)　　控除(공제) 腔(빈속 강)　　口腔(구강) 嘔(토할 구)　　嘔吐(구토) 歐(구주 구)　　歐美(구미) 毆(칠 구)　　　毆打(구타)	技(재주 기)　　技術(기술) 妓(기생 기)　　妓生(기생) 撞(칠 당)　　　撞球(당구) 憧(그리워할 동)　憧憬(동경) 瞳(눈동자 동)　瞳孔(동공) 賭(도박 도)　　賭博(도박) 睹(볼 도)　　　目睹(목도) 藍(쪽 람)　　　藍縷(남루) 籃(바구니 람)　搖籃(요람) 朗(밝을 랑)　　明朗(명랑) 郎(사내 랑)　　新郎(신랑) 曆(책력 력)　　陽曆(양력) 歷(지낼 력)　　歷史(역사) 祿(녹 록)　　　祿俸(녹봉) 錄(기록할 록)　錄音(녹음)	搏(칠 박)　　　搏殺(박살) 博(넓을 박)　　博士(박사) 縛(얽을 박)　　束縛(속박) 班(나눌 반)　　班長(반장) 斑(아롱질 반)　斑點(반점) 拔(뺄 발)　　　拔本(발본) 跋(밟을 발)　　跋文(발문) 潑(활발할 발)　潑剌(발랄) 撥(퉁길 발)　　反撥(반발) 俳(광대 배)　　俳優(배우) 徘(어정거릴 배)　徘徊(배회) 僕(종 복)　　　公僕(공복) 撲(칠 박)　　　撲滅(박멸) 復(회복할 복)　復歸(복귀) 複(겹옷 복)　　複雜(복잡)

簿(문서 부)	帳簿(장부)	姿(모양 자)	姿勢(자세)	肛(똥구멍 항)	肛門(항문)
薄(얇을 박)	淺薄(천박)	恣(방자할 자)	恣行(자행)	紅(붉을 홍)	紅色(홍색)
				訌(어지러울 홍)	內訌(내홍)
墳(무덤 분)	墳墓(분묘)	仗(의지할 장)	儀仗(의장)		
憤(분할 분)	憤怒(분노)	杖(지팡이 장)	短杖(단장)	偕(함께 해)	偕老(해로)
				楷(해서 해)	楷書(해서)
粉(가루 분)	粉末(분말)			諧(어울릴 해)	諧謔(해학)
紛(어지러울 분)	紛爭(분쟁)	栽(심을 재)	栽培(재배)		
		裁(마를 재)	裁量(재량)	亨(형통할 형)	亨通(형통)
賞(상줄 상)	賞狀(상장)			享(누릴 향)	享有(향유)
償(갚을 상)	償還(상환)	廷(조정 정)	法廷(법정)		
		庭(뜰 정)	家庭(가정)	刑(형벌 형)	刑罰(형벌)
暑(더울 서)	寒暑(한서)			形(모양 형)	形象(형상)
署(관청 서)	官署(관서)	堤(둑 제)	堤防(제방)		
		提(들 제)	前提(전제)	毫(털 호)	秋毫(추호)
粹(순수할 수)	精粹(정수)			豪(호걸 호)	豪雨(호우)
碎(부술 쇄)	粉碎(분쇄)	弟(아우 제)	兄弟(형제)		
		第(차례 제)	第一(제일)	悔(뉘우칠 회)	悔改(회개)
純(순수할 순)	純潔(순결)			誨(가르칠 회)	敎誨(교회)
鈍(둔할 둔)	鈍感(둔감)	澤(은덕 택)	德澤(덕택)		
		擇(가릴 택)	選擇(선택)	侯(제후 후)	諸侯(제후)
揚(날릴 양)	揭揚(게양)			候(징후 후)	氣候(기후)
楊(버들 양)	楊柳(양류)	弊(폐단 폐)	弊端(폐단)		
		幣(돈 폐)	貨幣(화폐)	輝(빛날 휘)	光輝(광휘)
緣(인연 연)	緣分(연분)			揮(휘두를 휘)	指揮(지휘)
綠(푸를 록)	綠色(녹색)				

3. 모양과 뜻이 비슷한 한자

枉(굽을 왕)	枉臨(왕림)	恨(한할 한)	怨恨(원한)	減(덜 감)	減量(감량)
旺(왕성할 왕)	旺盛(왕성)	限(한정 한)	限界(한계)	滅(멸할 멸)	破滅(파멸)

綱(벼리 강)　綱領(강령)	黑(검을 흑)　黑白(흑백)	卷(책 권)　卷頭(권두)
網(그물 망)　網羅(망라)	墨(먹 묵)　墨畫(묵화)	券(문서 권)　證券(증권)
灸(뜸질할 구)　鍼灸(침구)	**4. 모양과 뜻이 비슷한 한자**	迷(혼미할 미)　迷宮(미궁)
炙(구울 자)　膾炙(회자)	古(예 고)　古代(고대)	謎(수수께끼 미)　謎題(미제)
	故(연고 고)　故人(고인)	
踏(밟을 답)　踏步(답보)		辨(분별할 변)　辨別(변별)
蹈(춤출 도)　舞蹈(무도)	煩(번거로울 번)　煩惱(번뇌)	辯(말잘할 변)　辯護(변호)
	繁(번성할 번)　繁雜(번잡)	
析(쪼갤 석)　分析(분석)		士(선비 사)　士氣(사기)
折(꺾을 절)　折半(절반)	詞(말 사)　歌詞(가사)	仕(벼슬할 사)　奉仕(봉사)
	訶(꾸짖을 가)　訶詰(가힐)	
帥(장수 수)　元帥(원수)		象(꼴 상)　對象(대상)
師(스승 사)　師範(사범)	怨(원망할 원)　怨恨(원한)	像(모양 상)　想像(상상)
	冤(원통할 원)　冤魂(원혼)	
載(실을 재)　積載(적재)		植(심을 식)　植物(식물)
戴(일 대)　推戴(추대)	元(으뜸 원)　紀元(기원)	殖(번식할 식)　生殖(생식)
	原(근본 원)　原本(원본)	
哲(밝을 철)　哲學(철학)	源(근원 원)　源泉(원천)	低(낮을 저)　低級(저급)
晳(밝을 석)　明晳(명석)		底(밑 저)　底力(저력)
	現(나타날 현)　現象(현상)	
墜(떨어질 추)　墜落(추락)	顯(나타날 현)　顯著(현저)	制(마를 제)　制度(제도)
墮(떨어질 타)　墮落(타락)		製(지을 제)　製造(제조)
	5. 모양·음·뜻이 비슷한 한자	
忽(문득 홀)　忽然(홀연)	括(쌀 괄)　總括(총괄)	獲(얻을 획)　獲得(획득)
忩(바쁠 총)　忩忙(총망)	刮(비빌 괄)　刮目(괄목)	穫(거둘 확)　收穫(수확)

4. 음(音)이 두 가지 이상의 한자

두 가지 이상의 음(音)을 가진 한자를 말한다.

글자에는 두 가지 또는 세 가지 이상의 음(音)으로 발음되는 경우가 있다. 그리하여 하나의 음(音)만을 알고서는 잘못 읽을 수가 있다.

車	수레 거	車馬(거마)		丹	붉을 단	丹楓(단풍)
	수레 차	車道(차도)			꽃이름 란	牡丹(모란)
乾	하늘 건	乾坤(건곤)		糖	엿 당	糖尿(당뇨)
	마를 간	乾物(간물)			엿 탕	雪糖(설탕)
見	볼 견	見學(견학)		宅	집 댁	宅內(댁내)
	나타날 현	謁見(알현)			집 택	自宅(자택)
更	고칠 경	更迭(경질)		度	법도 도	制度(제도)
	다시 갱	更生(갱생)			헤아릴 탁	忖度(촌탁)
契	맺을 계	契印(계인)		讀	읽을 독	讀經(독경)
	나라이름 글	契丹(글안)			귀절 두	句讀(구두)
廓	둘레 곽	輪廓(윤곽)		洞	고을 동	洞民(동민)
	클 학	廓然(학연)			꿰뚫을 통	洞察(통찰)
龜	거북 귀	龜鑑(귀감)		樂	풍류 악	音樂(음악)
	터질 균	龜裂(균열)			좋아할 요	樂山(요산)
	땅이름 구	龜浦(구포)			즐길 락	娛樂(오락)
金	쇠 금	金銀(금은)		惡	모질 악	善惡(선악)
	성 김	金氏(김씨)			미워할 오	憎惡(증오)
內	안 내	內室(내실)		易	쉬울 이	容易(용이)
	여관 나	內人(나인)			바꿀 역	貿易(무역)
奈	어찌 내	奈何(내하)		咽	목구멍 인	咽喉(인후)
	어찌 나	奈落(나락)			목멜 열	嗚咽(오열)
茶	차 다	茶菓(다과)		刺	찌를 자	刺客(자객)
	차 차	葉茶(엽차)			칼로찌를 척	刺殺(척살)

狀	문서 장 형상 상	賞狀(상장) 狀況(상황)		便	편할 편 오줌 변	便法(편법) 便所(변소)
著	지을 저 붙을 착	著者(저자) 到著(도착)		暴	드러낼 폭 사나울 포	暴露(폭로) 暴惡(포악)
炙	고기구울 적 고기구울 자	散炙(산적) 膾炙(회자)		降	항복할 항 내릴 강	降伏(항복) 降等(강등)
切	끊을 절 모두 체	切斷(절단) 一切(일체)		行	갈 행 항렬 항	行人(행인) 行列(항렬)
提	끌 제 보리수 리	提携(제휴) 菩提(보리)		畫	그림 화 그을 획	畫家(화가) 畫數(획수)
則	곧 즉 법칙 칙	然則(연즉) 規則(규칙)		木	나무 목 모과 모	木材(목재) 木果(모과)
辰	별 진 날 신	壬辰(임진) 生辰(생신)		復	회복할 복 다시 부	復職(복직) 復活(부활)
徵	부를 징 가락 치	徵兵(징병) 徵音(치음)		否	아니 부 막힐 비	否定(부정) 否塞(비색)
差	어긋날 차 층질 치	差異(차이) 參差(참치)		北	북녘 북 달아날 배	南北(남북) 敗北(패배)
參	참여할 참 석 삼	參席(참석) 參億(삼억)		分	나눌 분 푼 푼	分配(분배) 分錢(푼전)
拓	열 척 박을 탁	開拓(개척) 拓本(탁본)		沸	용솟음칠 불 끓을 비	沸然(불연) 沸騰(비등)
諦	살필 체 진리 제	諦念(체념) 眞諦(진제)		射	쏠 사 맞출 석	射擊(사격) 射中(석중)
推	밀 추 밀 퇴	推戴(추대) 推敲(퇴고)		寺	절 사 내관 시	寺院(사원) 寺人(시인)
沈	잠길 침 성 심	沈沒(침몰) 沈氏(심씨)		邪	간사할 사 희롱할 야	邪惡(사악) 邪揄(야유)

殺	죽일 살	殺害(살해)
	감할 쇄	殺到(쇄도)
塞	변방 새	要塞(요새)
	막을 색	閉塞(폐색)
索	찾을 색	索引(색인)
	쓸쓸할삭	索漠(삭막)
說	말씀 설	通說(통설)
	달랠 세	遊說(유세)
	기쁠 열	說喜(열희)
省	살필 성	省墓(성묘)
	덜 생	省略(생략)
率	거느릴솔	引率(인솔)
	비율 률	能率(능률)
屬	붙을 속	屬國(속국)
	부탁할촉	屬託(촉탁)
數	셈할 수	數學(수학)
	자주 삭	頻數(빈삭)
	촘촘할촉	數罟(촉고)
帥	장수 수	元帥(원수)
	거느릴솔	帥先(솔선)
宿	잘 숙	留宿(유숙)
	별 수	星宿(성수)
拾	주울 습	拾得(습득)
	열 십	拾圓(십원)
食	먹을 식	朝食(조식)
	밥 사	簞食(단사)
識	알 식	知識(지식)
	기록할지	標識(표지)
什	열사람십	什長(십장)
	세간 집	什器(집기)

두음법칙(頭音法則) 한자

("ㄹ", "ㄴ"음이 어두에 나오면
다른 음으로 나오는 글자)

락수(落水)→낙수 래빈(來賓)→내빈
로인(老人)→노인 리면(裏面)→이면
루각(樓閣)→누각 량식(糧食)→양식
려행(旅行)→여행 료금(料金)→요금
닉사(溺死)→익사 녀인(女人)→여인
뇨소(尿素)→요소 뉴대(紐帶)→유대
록음(綠陰)→녹음 륙지(陸地)→육지
락원(樂園)→낙원 래일(來日)→내일
뢰성(雷聲)→뇌성 릉묘(陵墓)→능묘
년세(年歲)→연세 닉명(匿名)→익명
니토(泥土)→이토 량심(良心)→양심
룡궁(龍宮)→용궁 류행(流行)→유행
례의(禮儀)→예의 리발(理髮)→이발

(어두에 나오지 않을 때는
원음으로 쓰는 한자)

개량(改良) 선량(善良)
사례(謝禮) 혼례(婚禮)
하류(下流) 급류(急流)
수력(水力) 협력(協力)
와룡(臥龍) 쌍룡(雙龍)
도리(道理) 진리(眞理)
기록(記錄) 부록(附錄)

(모음 또는 "ㄴ"받침 뒤에 이어지는 "렬",
"률"은 "열", "율"로 읽는다.)

나열(羅列) 분열(分裂) 비율(比率)
규율(規律) 진열(陳列)

5. 뜻이 혼돈되기 쉬운 한자

가사	家事 : 집안 일 稼事 : 농사 일		결의	決意 : 뜻을 굳힘. 결심(決心) 決議 : 의안(議案)을 결정함 結義 : 의리를 맺음
가상	假想 : 사실에 관계없는 가정적인 생각 假相 : 헛된 현실 세계 假象 : 주관적으로는 인정할 수 있으나 객관적으로는 실재하지 않는 현상. 실재(實在)의 반대 假像 : 거짓 물상(物像)		공론	空論 : 헛된 의논 公論 : 공평한 의논, 사회적인 여론
			공정	公正 : 공평하고 올바름 公定 : 정부나 공론에 의해 정함
가상	嘉尙 : 착하고 귀하게 여기어 칭찬함 嘉賞 : 칭찬하여 기림 嘉祥 : 경사로운 일		과정	過程 : 일이 되어나가는 경로 課程 : 과업의 정도. 일정한 기간내에 학습하게 되어 있는 학과의 내용
	간격(間隔) : 물건과 물건의 거리, 사이, 틈 간극(間隙) : 사람사이의 틈, 불화(不和)		교정	校正 : 틀린 글자를 고치는 일 校訂 : 저서의 잘못된 곳을 고치는 일
간부	姦夫 : 간통한 남자 姦婦 : 간통한 여자 奸婦 : 간사스러운 여자			구명(究明) : 원인이나 사리를 깊이 연구하여 따져 밝힘. 규명(糾明) : 일의 사실을 따져 밝힘. 사건을 밝히는 일.
감상	感傷 : 어떤 일이나 현상을 슬프게 느끼어 마음이 아픔 感想 : 마음속에 느끼어 일어나는 생각 鑑賞 : 예술 작품의 아름다움을 이해하여 즐기고 평가함		국정	國政 : 나라의 정치 國情 : 나라의 사정
			규정	規定 : 규칙으로 정함. 동사로 쓰임 規程 : 행위의 준칙이 되는 것. 명사로만 쓰임
개정	改正 : 고치어 바로잡음. 틀린 점을 고침 改定 : 고치어 다시 정함. 법 따위를 새로 고치는 일 改訂 : 잘못된 점을 고쳐 바로잡음		극단	劇團 : 연극 단체 劇壇 : 연극계, 연극의 무대
			기인	基因 : 기본이 되는 원인 起因 : 일이 일어나는 원인

기	~器 : 동력장치가 없는 도구, 기구 등에 붙는 말. 세면기 등과 같이 쓰인다. ~機 : 동력장치로서 작업할 때 쓰이는 기계에 붙이는 말. 비행기 등	사서	史書 : 역사적 사실을 기록한 책 四書 : 논어, 맹자, 중용, 대학을 일컫는 말 辭書 : 사전 司書 : 서적을 맡아보는 직분
기능	機能 : 기관(器官 또는 機關)의 능력이나 작용 技能 : 사람의 기술에 관한 능력, 재능	사실	事實 : 실제로 존재하는 일 史實 : 역사에 실지로 있는 일 寫實 : 사물을 실재 있는 대로 그려냄
노력	努力 : 애를 쓰고 힘을 들임 勞力 : 몸을 수고함. 물건을 생산하기 위한 몸과 마음의 활동	사의	謝意 : 감사하는 뜻 謝儀 : 사례의 뜻으로 보내는 물품 辭意 : 사퇴할 의사
대형	大形 : 큰 모양, 꼴, 형상 등을 말한다. 大型 : 크게 만들어진 틀, 본보기	사전	事典 : 여러 가지 사항을 모아 그 하나하나에 해설을 붙인 책 辭典 : 언어를 모아서 일정한 순서로 나열하고 발음, 의미, 용법, 어원 등을 해설한 책
	덕분(德分) : 남이 베풀어 준 고마움을 발할 때 즉 선생님의 덕분으로 성공했습니다. 덕택(德澤) : 남에게 미치는 덕을 말할 때 즉 성공하게 된 것은 선생님의 덕택입니다.	상춘	賞春 : 봄 경치를 구경하며 즐김 常春 : 기후가 언제나 봄이라는 뜻
			생장(生長) : 나서 자람 성장(成長) : 자라서 커지거나 발전하는 현상. 전반에 붙일 수 있는 말
반복	反復 : 한 가지 일을 되풀이함. 反覆 : 언행을 이랬다저랬다 함	성분	性分 : 본디부터 가지고 있는 고유한 특성, 성질 成分 : 한 물체를 이루는 바탕이 되는 물질
	방적(紡績) : 실을 뽑는 일 방직(紡織) : 피륙(천)을 짜는 일		
보급	補給 : 물품을 계속하여 공급함 普及 : 널리 퍼뜨려 권장함	시기	時期 : 정해진 때. 씨앗을 뿌릴 시기다. 時機 : 적당한 기회. 시기가 오면 놓치지 말라
부인	夫人 : 남의 아내에 대한 높임말 婦人 : 결혼한 여자의 총칭		

실기	失期 : 정해진 때를 놓침 失機 : 기회를 놓침		전력	全力 : 모든 힘 專力 : 오로지 한 일에만 힘을 씀 戰力 : 싸울 수 있는 힘	
애호	愛好 : 사랑하여 즐김 愛護 : 사랑하고 보호함		전세	專貰 : 동산을 일정한 기간 빌려줌(타인사용 금지) 傳貰 : 남의 부동산을 일정한 기간 돈을 주고 빌려 줌	
	약국(藥局) : 약사가 양약을 조제, 판매하는 곳 약방(藥房) : 약을 팔기만 하는 가게. 조제하면 위법		절망	切望 : 간절히 바람 絶望 : 모든 기대를 저버리고 체념함	
연습	練習 : 학문,기예등을 되풀이하여 익힘 演習 : 군대에서 실전상황을 상정해놓고 하는 모의군사행동		절품	切品 : 물건이 다 팔려 없음 絶品 : 아주 뛰어나게 좋은 물건	
우선	于先 : 시간적으로 무엇보다 먼저 優先 : 차례에서 다른 것보다 앞섬		정립	定立 : 판단,명제를 정하여 세움 鼎立 : 세 세력이 솥발과 같이 벌여 섬 正立 : 똑바로 섬, 또는 바로세움	
유적	遺跡 : (이미 없어진 것의)남아있는 흔적 遺蹟 : 고인의 행적이나 역사적 기록의 자취			종합(綜合) : 많은 것을 하나로 통합함 총합(總合) : 전부를 합함	
유학	留學 : 외국에 머물면서 공부함 遊學 : 객지에 가서 공부함		주력	主力 : 구성체의 주된 세력 注力 : 힘을 기울임	
이동	移動 : 옮겨 움직임 異動 : 전임, 퇴직 등으로 지위, 직책의 변동			주요(主要) : 주되고 중요함 중요(重要) : 귀중하고 종요로움	
이상	異狀 : 보통과는 다른 상태 異常 : 정상적인 것과 다른 상태나 현상 異相 : 남과 다른 인상(人相)		지향	指向 : 지정한 방향으로 나아감 志向 : 어떤 목적으로 뜻이 쏠리어 향함	
	작렬(炸裂) : 폭발물이 터져서 산산이 흩어짐 작열(灼熱) : 불에 새빨갛게 닮. 몹시 더움을 형용함		최소	最小 : 크기(길이)가 가장 작은 것 最少 : 분량이 가장 적은 것	
			충실	充實 : 내용이 알참 忠實 : 충성스럽고 성실함	

타살
- 打殺 : 때려서 죽임
- 他殺 : 남에게 목숨을 빼앗김

편
- 篇 : 시문(詩文)이나 서적의 수요. 책자 속에서 성질이 다른 갈래로 구분하는 말. 외국어편
- 編 : 책을 엮은 일. 책의 갈래를 구분하는 말. 전편, 후편 등

편재
- 偏在 : 한곳에만 치우쳐 있음
- 遍在 : 널리 퍼져 있음 ※ 전국에 편재한 소나무

표시
- 表示 : 겉으로 나타내어 보임
- 標示 : 목표물에 표를 하여 외부에 드러내 보임

학과
- 學科 : 학술의 분과(分科)
- 學課 : 학문의 과정(課程)

학원
- 學院 : 학교 설치 기준에 미달한 사립교육기관
- 學園 : 학교 및 기타 교육기관의 총칭

행사
- 行使 : 부려서 씀
- 行事 : 어떤 일을 진행함

- 혼동(混同) : 뒤섞음
- 혼돈(混沌) : 사물의 구별이 확실하지 않은 상태

- 게시(揭示) : 공중이나 관계자에게 알리기 위하여 내걸거나 붙여 보게 함.
- 계시(啓示) : 가르치어 보임

- 금슬(琴瑟) : 거문고와 비파
- 금실(琴瑟) : 부부 사이의 화목한 즐거움

- 괴멸(壞滅) : 파괴되어 멸망함
- 궤멸(潰滅) : 무너져 망함

- 내력(來歷) : 겪어온 자취
- 내역(內譯) : 분명하고 자세한 내용

- 단합(團合) : 많은 사람이 한데 뭉침
- 담합(談合) : 서로 의논함

- 반증(反證) : 사실과는 반대되는 증거
- 방증(傍證) : 증거가 될 방계의 자료

- 방적(紡績) : 동식물의 섬유를 가공하여 실을 만드는 섬유공업
- 방직(紡織) : 실로 피륙을 짜는 일

사연
- 事緣 : 일의 앞뒤 사정과 까닭
- 辭緣 : 편지나 말의 내용

속보
- 速報 : 빨리 알림, 또는 그 보도
- 續報 : 있었던 사건을 계속하여 알림

- 실험(實驗) : 일정한 연구대상에 대하여 현상을 관찰, 관측함.
- 시험(試驗) : 어떤 사물의 성질이나 기능, 성능 따위를 실제로 증험하여 봄

- 약재(藥材) : 약을 짓는 재료
- 약제(藥劑) : 여러 가지 약재를 섞어 조제한 약

폐업
- 閉業 : 문을 닫고 영업을 쉼
- 廢業 : 영업을 그만 둠

6. 속자(俗字)와 약자(略字)

자획이 바르지 않게 쓰이는 글자와 자획을 줄여서 만든 글자

假 - 仮 (거짓 가)	當 - 当 (마땅할 당)	賣 - 売 (팔 매)
價 - 価 (값 가)	黨 - 党 (무리 당)	麥 - 麦 (보리 맥)
覺 - 覚 (깨달을 각)	對 - 対 (대할 대)	發 - 発 (필 발)
蓋 - 盖 (덮을 개)	德 - 徳 (덕성 덕)	拜 - 拝 (절할 배)
擧 - 挙 (들 거)	圖 - 図 (그림 도)	番 - 畨 (차례 번)
劍 - 剣 (칼 검)	讀 - 読 (읽을 독)	變 - 変 (변할 변)
輕 - 軽 (가벼울 경)	獨 - 独 (홀로 독)	辯 - 弁 (말잘할 변)
經 - 経 (경서 경)	同 - 仝 (같을 동)	邊 - 辺 (가 변)
徑 - 径 (지름길 경)	樂 - 楽 (즐길 락)	竝 - 並 (나란히할 병)
鷄 - 雞 (닭 계)	亂 - 乱 (어지러울 란)	倂 - 併 (아우를 병)
館 - 舘 (집 관)	覽 - 覧 (볼 람)	寶 - 宝 (보배 보)
關 - 関 (빗장 관)	來 - 来 (올 래)	拂 - 払 (떨칠 불)
廣 - 広 (넓을 광)	兩 - 両 (두 량)	佛 - 仏 (부처 불)
敎 - 教 (가르칠 교)	糧 - 粮 (양식 량)	冰 - 氷 (얼음 빙)
區 - 区 (구역 역)	勵 - 励 (힘쓸 려)	絲 - 糸 (실 사)
舊 - 旧 (옛 구)	歷 - 歴 (지낼 력)	寫 - 写 (베낄 사)
驅 - 駆 (몰 구)	戀 - 恋 (사모할 련)	辭 - 辞 (말씀 사)
國 - 国 (나라 국)	靈 - 灵 (신령 령)	刪 - 删 (깎을 산)
權 - 权 (권세 권)	禮 - 礼 (예도 례)	參 - 参 (석 삼)
勸 - 勧 (권할 권)	勞 - 労 (수고로울 로)	牀 - 床 (평상 상)
龜 - 亀 (거북 귀)	爐 - 炉 (화로 로)	雙 - 双 (짝 쌍)
氣 - 気 (기운 기)	綠 - 緑 (푸를 록)	敍 - 叙 (펼 서)
旣 - 既 (이미 기)	賴 - 頼 (의지할 뢰)	釋 - 釈 (풀 석)
內 - 内 (안 내)	龍 - 竜 (용 룡)	聲 - 声 (소리 성)
單 - 単 (홑 단)	樓 - 楼 (다락 루)	續 - 続 (이을 속)
團 - 団 (둥글 단)	萬 - 万 (일만 만)	屬 - 属 (붙을 속)
斷 - 断 (끊을 단)	滿 - 満 (찰 만)	收 - 収 (거둘 수)
擔 - 担 (멜 담)	蠻 - 蛮 (오랑캐 만)	數 - 数 (수 수)

壽 - 寿 (목숨 수)	壹 - 壱 (하나 일)	體 - 体 (몸 체)
肅 - 粛 (엄숙할 숙)	姉 - 姉 (누이 자)	觸 - 触 (닿을 촉)
濕 - 湿 (축축할 습)	殘 - 残 (남을 잔)	總 - 総 (다 총)
乘 - 乗 (탈 승)	壯 - 壮 (장할 장)	蟲 - 虫 (벌레 충)
實 - 実 (열매 실)	莊 - 荘 (별장 장)	醉 - 酔 (술취할 취)
兒 - 児 (아이 아)	雜 - 雑 (섞일 잡)	齒 - 歯 (이 치)
亞 - 亜 (버금 아)	爭 - 争 (다툴 쟁)	恥 - 耻 (부끄러울 치)
惡 - 悪 (악할 악)	戰 - 戦 (싸울 전)	彈 - 弾 (탄알 탄)
嶽 - 岳 (큰산 악)	錢 - 銭 (돈 전)	澤 - 沢 (못 택)
巖 - 岩 (바위 암)	轉 - 転 (구를 전)	擇 - 択 (가릴 택)
壓 - 圧 (누를 압)	點 - 点 (점 점)	廢 - 廃 (폐할 폐)
藥 - 薬 (약 약)	靜 - 静 (깨끗할 정)	豐 - 豊 (풍성할 풍)
讓 - 譲 (사양할 양)	濟 - 済 (다스릴 제)	學 - 学 (배울 학)
嚴 - 厳 (엄할 엄)	條 - 条 (가지 조)	閒 - 閑 (한가로울 한)
餘 - 余 (남을 여)	弔 - 吊 (조상할 조)	解 - 鮮 (풀 해)
與 - 与 (줄 여)	從 - 従 (좇을 종)	鄕 - 郷 (고을 향)
驛 - 駅 (정거장 역)	晝 - 昼 (낮 주)	虛 - 虚 (빌 허)
譯 - 訳 (통변할 역)	卽 - 即 (곧 즉)	獻 - 献 (드릴 헌)
硏 - 研 (갈 연)	增 - 増 (더할 증)	驗 - 験 (시험 험)
鹽 - 塩 (소금 염)	證 - 証 (증거 증)	顯 - 顕 (나타날 현)
榮 - 栄 (영화 영)	眞 - 真 (참 진)	螢 - 蛍 (반딧불 형)
豫 - 予 (미리 예)	盡 - 尽 (다할 진)	號 - 号 (부르짖을 호)
藝 - 芸 (재주 예)	贊 - 賛 (기릴 찬)	畫 - 画 (그림 화)
溫 - 温 (따뜻할 온)	參 - 参 (참여할 참)	擴 - 拡 (넓힐 확)
圓 - 円 (둥굴 원)	窓 - 窓 (창 창)	歡 - 歓 (기쁠 환)
圍 - 囲 (둘레 위)	册 - 冊 (책 책)	黃 - 黄 (누를 황)
爲 - 為 (할 위)	稱 - 称 (일컬을 칭)	會 - 会 (모을 회)
隱 - 隠 (숨길 은)	處 - 処 (곳 처)	回 - 囘 (돌아올 회)
應 - 応 (응할 응)	淺 - 浅 (얕을 천)	效 - 効 (본받을 효)
醫 - 医 (의원 의)	鐵 - 鉄 (쇠 철)	黑 - 黒 (검을 흑)
貳 - 弐 (둘 이)	廳 - 庁 (관청 청)	

암기록(暗記錄)

(암기에 성공한 한자를 적어 봅니다.)

8급 한자

8급 한자

7급 한자

7급 한자

6급 한자

6급 한자

편자 은실(恩實) 이영례(李英禮)

　　한자교육 준교사 · 이래한자교육연구원장
　　이래한문교육원(利來漢文敎育院) 원장(院長)

한자학습사전 초급한자 편

값 5,000원

| 판 권 |
| 본 사 |

2008년 5월 10일 인쇄
2008년 5월 15일 발행

　　편찬처 / 이래한자교육연구원
　　편저인 / 이 영 례
　　발행인 / 안 영 동
　　발행처 / 출판사 동양서적
　　　　　　경기도 파주시 광탄면 용미리 251-2
　　　　　　전화 (031)957-4766~7
　　　　　　등록일자 1976년 9월 6일
　　　　　　등록번호 제6-11호
　　　　　　www.orientbooks.co.kr

ISBN　97889-7262-155-3　　13710

한자학습의 필독서

이영례 편저 **4대 고전해설집** · 동양서적 발간

明心寶鑑 精說 _{부록} 四字故事成語 解說

사람의 정신을 풍요롭게 하여 사람답게 사는 길을
안내하는 길잡이로 인성교육과 한문교육을 위한
새로운 한문학습자료이다

四字小學 精說 _{부록} 漢字語彙 解說

옛 학동들의 기초학습 교과서로 한문과 인성교육을
익히기 위한 학습교재로서 명심보감과 함께
고전교양서적이다.

菜根譚 精說 _{부록} 啓蒙篇 解說

인생을 아름답게 살아가는 만고불변의 생활지혜!
명나라 홍자성의 저서로 올바른 생활의 행실에
관해 총 359항의 어록이 담긴 인간수양서이다.

牧民心書 精說 _{부록} 朱子家訓 解說

공직을 올바르게 살아가는 만고불변의 관료정신!
정약용선생 저서로 공복으로서 올바른 마음가짐과
참다운 행실을 서술한 교양서이다.